VICENTE DE CARVALHO
POETA, ABOLICIONISTA, PESCADOR

COLEÇÃO APL
PERFIS BIOGRÁFICOS
4

VICENTE DE CARVALHO
POETA, ABOLICIONISTA, PESCADOR

IGNÁCIO DE LOYOLA BRANDÃO

imprensaoficial
GOVERNO DO ESTADO DE SÃO PAULO

COLEÇÃO APL
PERFIS BIOGRÁFICOS

A Academia Paulista de Letras completa 111 anos em 2020, ano atípico na aventura humana por este planeta. O insólito moveu o eixo da Terra e quase tudo passou por revisão.

Momento propício para o resgate de vultos um dia chamados para o convívio num salão destinado a tertúlias literárias e ao cultivo do belo, que não se restringe às Letras. A permanência das Academias, inspiração helênica revigorada no século XVII em França, é condicionada ao evento morte. Os acadêmicos são vitalícios e a sucessão apenas ocorre quando eles partem da vida para enfrentar o insondável.

Nomes tutelares integraram essa Casa de Cultura por excelência, há décadas situada no largo do Arouche. Dedicar a cada um deles uma síntese biográfica atende a vários objetivos. O primeiro é preservar o culto à memória dos que devem ser lembrados. Eleger quarenta intelectuais como representação da literatura de um estado como São Paulo, cuja história é uma epopeia prenhe de heroísmos, não é missão singela. Quem são esses acadêmicos, quem foram as pessoas desse colegiado? De onde vieram, o que produziram? Deixaram lições para as gerações que os sucederam?

Pensemos ainda na contribuição ao encadeamento da História. Uma instituição que consegue persistir em cena por mais de século, arrostando as naturais dificuldades que à cultura se antepõem num país heterogêneo, que ainda não obteve nível educacional comparável às grandes nações, por certo servirá como signo de caminhos a percorrer, como padrão de incessante aprendizado.

Numa era em que o declínio de valores é fenômeno global, às novas gerações se oferece aqui um elenco de balizas inspiradoras. Existências fecundas representam primícias que germinaram em solo pátrio ou aqui se desenvolveram e constituem testemunhos de que talento e protagonismo são atemporais.

Vidas singulares, na esplêndida diversidade com que se apresentam os seres humanos, são retratadas em relatos breves, com a esperança de que suscitem a curiosidade dos leitores, levando-os a aventuras tanto generosas quanto restauradoras. A exuberância desse tempo reconstituído é mosaico expressivo do lavor desenvolvido por todos os acadêmicos nesse percurso de pródiga participação num colegiado pluralista.

Tempos virtuais de irreversível imersão em altas tecnologias não inibem a compatibilidade com a reverência ao passado, para revigorar o pertencimento à terra paulista, característico a todos esses perfis.

Enfim, é o preito à imortalidade factível: manter todos eles na lembrança dos que ainda virão. Propósito de todos os que abraçaram esta Coleção.

JOSÉ RENATO NALINI
Presidente

SUMÁRIO

A imortalidade 9

Vicente de Carvalho, poeta 11

Santos, cidade agitada 20

Beijo que orvalha minha boca 29

Poeta a defender a saúde 49

Na defesa do meio ambiente 60

A última viagem 65

O poeta do mar de costas para o mar 67

Palavras ao mar

Breve antologia 69

Comentários críticos 109

Obras de Vicente de Carvalho 113

Discurso de posse na APL | Ignácio de Loyola Brandão 2007 114

Bibliografia 128

Agradecimentos 131

A IMORTALIDADE

Quando a Academia Paulista de Letras e a Imprensa Oficial do Estado de São Paulo fecharam um acordo para a produção de um primeiro lote de 40 livros destinados a recuperar a memória de cada um dos que por aqui passaram, o presidente José Renato Nalini me incumbiu de fazer uma rápida biografia daqueles que me antecederam na Cadeira 37, cujo patrono é João Mendes, o Velho.

Saí em busca de material. Dada a dificuldade de encontrar o suficiente para um volume sobre Rafael Correia, decidi iniciar por Vicente de Carvalho, o segundo ocupante. Este meu relato se aproxima daquela velha seção tão lida, a dos grandes livros condensados da revista *Seleções* do Reader's Digest, que mensalmente resumia uma obra.

Assentei minhas bases em três biografias do poeta do mar, as únicas que consegui. Uma, dos filhos do poeta, Maria da Conceição e Arnaldo Vicente de Carvalho; outra, de Hermes Vieira, e uma terceira, de Hêrnani Donato que pertenceu a esta nossa Academia Paulista de Letras. Além de um artigo muito bem documentado de Ana Luiza Martins publicado na *Revista USP* em março/maio de 1999: "Vicente de Carvalho: poeta do mar e cidadão da república".[1] Lembro também que o poeta santista é citado em dezenas de livros de história e teorias de nossa literatura em dicionários biográficos e teses de mestrado.

Esta é a imortalidade acadêmica. A cada posse, rememora-se todos os que vieram antes, cada um com seu lugar dentro da cultura paulista e brasileira.

1 Ana Luiza Martins, "Vicente de Carvalho: poeta do mar e cidadão da república". *Revista USP*, 41, 1999, pp. 134-151. Disponível em <https://doi.org/10.11606/issn.2316-9036.v0i41p134-151>, consulta em 08.11.20202, 17h02

VICENTE DE CARVALHO, POETA

A visão de um escravo sendo surrado pelos padres, os gritos de dor, os pedidos para cessarem as chicotadas, a pele sangrando, a palmatória zumbindo, o negro desmaiando e voltando a si com baldes de água, para suportar outra vez o suplício, tudo isso horrorizou Vicente de Carvalho, então com dez para onze anos, no Seminário Episcopal de São Paulo, para onde o pai o enviara para continuar os estudos. Final do século XIX. O negro era um dos muitos escravos que os padres mantinham. Certo dia, não suportando mais os martírios, um deles fugiu, mas foi recapturado e submetido a sevícias inenarráveis, que apavoraram o garoto.

Vicente testemunhava a punição e não entendia. Sua mente girava, perplexa. Os valores cristãos e morais se confundiam em sua cabeça. Como podiam os padres que nos púlpitos pregavam a bondade, a caridade, o amor ao próximo e aos desvalidos, o temor a Deus, maltratarem daquela maneira um ser humano? Mais, Vicente notava naqueles padres certo prazer naquela tortura. Ele ainda não conhecia a palavra sadismo. Indignado, fugiu do seminário, foi seu primeiro ato de revolta. A cena o acompanharia por toda a vida e determinaria algumas de suas ações e suas poesias no futuro. Ali germinava o abolicionista.

Vicente Augusto Botelho de Carvalho foi o terceiro filho do major Higino José Botelho de Carvalho, vereador em Santos, e de dona Augusta Carolina Bueno de Carvalho, de família tida como bem-nascida, descendente de bandeirantes. O casal vivia no Quatro Cantos, bairro da burguesia, e Higino mantinha uma loja de ferragens. No local de sua casa natal encontra-se hoje o prédio do Museu do Café, antiga Bolsa Oficial de Café.[2] Quando Vicente nasceu em 5 de abril de 1866, já tinha uma irmã, Isabel, nove anos mais velha. Ele não conheceu um irmão, falecido prematuramente. Logo, a família mergulhou em dificuldades financeiras, a loja foi fechada e os Carvalho mudaram-se para uma região popular da cidade, que tinha, então, apenas dois núcleos: Santa Catarina, o primeiro, onde predominavam funções militares e administrativas, num local chamado Quartéis. A casa estaria hoje na rua Xavier da Silveira, bairro de Paquetá, próxima ao centro, na vizinhança do Cais do Valongo,[3] o segundo núcleo. Lembremos que o nome Valongo traz à memória a escravatura. No Rio de Janeiro, onde há também um Cais do Valongo, hoje monumento nacional, aportavam os escravos aprisionados.

Próxima a casa havia uma ponte, refúgio de Vice nte que ficava ali a pescar e a olhar o mar, elemento que atravessa toda a sua obra poética. Ali, o menino – que era contemplativo e o foi toda a vida em sua obra – olhava e buscava compreender o mar, ligando-o à vida, à alma, às sensações e emoções humanas.

> Ver é o supremo bem. Surpreendo-me a cismar se a alma será talvez uma função do olhar.

2 Bolsa de Café, ou Palácio da Bolsa Oficial de Café, é hoje um museu na rua XV de Novembro, 95, centro histórico de Santos, São Paulo. Após restauro realizado em 1998, o palácio foi reinaugurado como Museu do Café. Disponível em <https://pt.wikipedia.org/wiki/Bolsa_Oficial_de_Café>, acesso em 08.11.2020, 17h18

3 Neste segundo núcleo, Valongo, predominavam funções comerciais, pela proximidade dos que vinham de São Paulo, pelo Porto Geral de Cubatão.

Mar que, ao longo da vida, foi surgindo aqui e ali na obra:

> [...] Ninguém sabe o que suporta
> O mar que chora na areia [...][4]
>
> Mar, belo mar selvagem
> Das nossas praias solitárias! Tigre
> A que as brisas da terra o sono embalam,
> A que o vento do largo eriça o pêlo!
> Junto da espuma com que as praias bordas,
> Pelo marulho acalentada, à sombra
> Das palmeiras que arfando se debruçam
> Na beirada das ondas – a minha alma
> Abriu-se para a vida como se abre
> A flor da murta para o sol do estio.[...][5]

De um momento para outro, devido ao insucesso nos negócios, os Carvalho despencaram da classe média, a ponto de, para equilibrar o orçamento, Augusta Carolina passar a fazer doces caseiros, vendidos em tabuleiros pelas ruas da cidade. Vicente era uma criança frágil, loira, peralta, dizia-se na época, que passava o dia a pescar. Tinha poucos amigos, vivia a sonhar à beira-mar, fascinado com a extensão, a sensação de liberdade, perigo, bravura. Ele escreveria mais tarde: "O mar para mim é como o céu para o crente". Ou "Olhos encantados, olhos cor do mar, / olhos pensativos que fazeis sonhar".

Não estivesse na ponte de onde contemplava o oceano, podia ser encontrado na casa de Amélia Barbosa, tia materna, que tinha lindas filhas. Logo,

4 Vicente de Carvalho, "Cantigas praianas", *in Poemas e canções*. São Paulo: Cardozo Filho & Comp., 1908.

5 Idem, "Palavras ao mar", *in Poemas e canções*. Porto: Livraria Chardron de Lello & Irmãos Editores, 1909.

aos 7 anos, os pais o matricularam em uma das poucas escolas existentes em Santos, cidade histórica que nasceu praticamente com o Brasil. Historiadores atribuem a fundação de Santos a Brás Cubas, sertanista português que, em 1536, recebeu imensa sesmaria no litoral da Capitania de São Vicente. Em 1543, ele ergueu a Santa Casa de Misericórdia de Todos os Santos para abrigar doentes dos navios que chegavam da metrópole.

Foi o primeiro hospital das Américas. O povoado começou a ser chamado de Todos os Santos, até que foi simplificado para Santos, elevado à categoria de vila em 1545.

Vicenteco, como a mãe o chamava, revelou-se estudante superdotado, aprendia tudo rapidamente. Os livros abriam outros horizontes, sua fantasia se expandia, eles significavam liberdade, imaginação solta. Tanto que, aos 10 anos, seu professor declarou-o pronto para o exercício de alguma profissão e o menino empregou-se no Consulado Alemão, onde durou pouco, devido a "peraltices" sem conta. Vicente era, como se dizia, da pá virada. Ficar encerrado em um escritório a lavar assoalhos, a tirar o pó de moveis e outros serviços, rodeado por paredes, lhe dava a sensação de aprisionamento. Acabou sendo demitido.

Agoniados, os pais decidiram que o ideal seria uma educação religiosa e o mandaram para o Seminário Episcopal de São Paulo. Tornou-se um estudante aplicado e desenvolveu forte personalidade, tinha pendor para a análise dos fatos e a cena do escravo punido moldou-lhe fundamente a noção de justiça x injustiça que carregaria até o final da vida. Além disso, sentia-se só, abandonado, encerrado na sala de aula ou no exíguo dormitório.

Hernâni Donato em sintético perfil disse que para Vicente, "a melancolia junto ao mar lhe parecera poesia – melancolia entre as paredes silenciosas do internato era segregação. Ele seria um perpétuo melancólico".[6] A situação agravou-se com o tempo, até o momento em que explodiu. O adolescente simplesmente desapareceu do internato e comunicou ao pai que não ficaria um minuto a mais ali. Foi levado ao Colégio Mamede, como semi-interno onde também ficou pouco, transferindo-se para o Colégio Morton. Era um inquieto permanente. Aqui deu-se a etapa final, deixando-o pronto para o passo seguinte, a faculdade de Direito.

Morton,[7] um presbiteriano, tivera sucesso ao criar um sistema de ensino revolucionário, um colégio misto, com postura liberal e que aceitava filhos de cidadãos estrangeiros e de famílias brasileiras. Foi ousado ao dividir os alunos em pequenos grupos de estudo ou turmas de mesmo grau de inteligência e de desenvolvimento intelectual. Tal procedimento possibilitava aos professores realizar um atendimento individual aos alunos. Alinhava-se assim com teorias de modernos educadores que buscavam diferenciação metodológica, a fim de obter uma autêntica individualização do ensino. Foi um sistema ousado que recorreu à atuação de professores especialmente selecionados entre os melhores existentes no magistério nacional. Morton se dizia em defesa

6 Hernâni Donato, *Vicente de Carvalho: o poeta do mar*. São Paulo: Edições Melhoramentos, 1955.

7 George Nash Morton, pastor e missionário americano, trabalhou no Brasil entre 1869 e 1882, em Campinas e em São Paulo. Colaborou com a expansão da Igreja Presbiteriana do Brasil, tendo se destacado na fundação do Colégio Internacional de Campinas e no Colégio Morton. [N.E.]

da melhoria da educação no Brasil e da renovação dos métodos de ensino. Nesse colégio também estudou Alberto Santos Dumont, sete anos mais novo do que Vicente de Carvalho. O que dizem seus biógrafos é que Carvalho era extremamente dedicado aos estudos, enquanto Dumont era mais displicente, e se destacava apenas em matérias que lhe diziam interesse. Não há referências que ambos tenham se cruzado.

No Morton, Vicente concluiu os chamados estudos preparatórios aos 16 anos. Estava pronto para cursar a faculdade de Direito, mas havia um obstáculo, a idade. Foi preciso solicitar uma licença legal que lhe foi concedida em 17 de julho de 1882, quando ele se viu dentro da Faculdade de Direito da Cidade de São Paulo, no futuro, Faculdade de Direito da Universidade de São Paulo (USP), fundada em 1927. Esta casa ficou célebre na história do Brasil. Hermes Vieira, dos primeiros biógrafos de Vicente de Carvalho descreve e atmosfera daquele tempo:

> Em verdade, ao ingressar Vicente na Faculdade, a sociedade planaltina acabava de sair da calmaria em que até ali permanecera e começava a agitar-se, sacudida pela belíssima floração intelectual que abrigava. Despertado aos sons das imperativas estrofes do gênio de Castro Alves, que em companhia de Rui subira a São Paulo em 1868 – ingressando ambos na turma acadêmica que contava com Joaquim Nabuco, Aureliano Coutinho, Rodrigues Alves, Affonso Pena e outros – já em 70 era o planalto de Anchieta teatro da mais audaciosa campanha do século: a da República. Assim como o século XVI foi, para a França, dos mais cheios de lutas civis e religiosas, em consequência do que surgiu opulenta literatura política, alimentada sobretudo por oradores e jornalistas, o século XIX foi, para o Brasil, dos mais decisivos para o nosso evolver social. [...] As ideias abolicionistas também andavam às soltas,

corriam todos os quadrantes da Paulicéia garoenta [...] Havia em tudo, efetivamente um quê de estranho, de revolucionário. Uma ânsia de renovação dominava todas as camadas, apaixonava todos os espíritos lúcidos [...] [8]

Já havia então o *Correio Paulistano*, fundado em 1854, que duraria até 1963. Mas a todo momento surgia um novo jornal, um chamado *O Porvir*, outro, *A Crença*, e assim por diante. Em 1875, foi lançado o *A Província de São Paulo*, hoje, *O Estado de S. Paulo*, diário de notícias "criado para combater a monarquia e a escravidão e fazer da sua independência o apanágio de sua força", segundo seu lema, estampado na primeira página.

No seu segundo ano de faculdade, Vicente começara a publicar versos esparsos em jornais como *A Idéia* e *A República*, causando admiração. Tornou-se popular. Um de seus poemas, "Gilliat", dedicado a Antonio P. de Queiroz, escrito no seu segundo ano de faculdade, quando estava com 17 anos, teve grande repercussão, ainda que no futuro ele não o tivesse incluído em nenhum de seus livros. Há notícia de que apareceu no "Almanach Litterário de São Paulo para 1885". "É uma obra que deve ser lida", segundo Hernâni Donato, "como um aviso de que está por vir um grande poeta. E nessa mensagem há também a voz do mar. O trabalho é indispensável para o exato conhecimento da obra de Vicente".[9]

8 Hermes Vieira, *Vicente de Carvalho, o sabiá da Ilha do Sol*. São Paulo: Biocrítica, 1943, pp. 30-1.

9 H. Donato, *op. cit.*

GILLIAT

(A Antonio P. de Queiroz)

Diante dêle se abria um vácuo imenso e fundo...
Que importa? Ele sentia arder-lhe heroicamente
do vasto coração no pélago profundo,
a centelha do amôr – fagulha incandescente
que sempre trás no seio os embriões de um mundo!

Porque êle amava. E amar com aquele amor ardente,
amar como êle amava,
é possuir a força indômita da lava,
aquela força estranha
que tem a rigidez dos músculos dos leões,
que suplanta montanhas,
e que rugindo, lambe as faces do Infinito
com a saliva que cuspissem os vulcões!

Êle sabia-o bem, a luta era terrível!
Êle ia se elevar
contra a força invencível
das fúrias colossais e tétricas do mar.
Êle ia dizer: "Negro leão sanhudo
em cujo áspero dorso
vãmente se debate o furibundo esforço
de todas as procelas!
Arroja contra mim tuas raivas hediondas:
— eu hei de desfazê-las!
Levanta-te! Me absorve em teus fundos abismos!
Derruba-me na fronte o horror dos cataclismos
que sacodes nas ondas!

Debalde! Eu vencerei! Irão bater-me aos joelhos
as vagas turbulentas...
E eu lutarei a ver jorrar-me sobre flanco,
arquejante, cansado,
— em um espasmo branco —
o epilético ardor furioso das tormentas! ...

E ao pêso do meu braço
hás de cair vencido!
Arrancando, por fim, do brônzeo peito lasso
a tremenda expansão covarde de um gemido!

Porque êle vira, além do abismo pavoroso,
da meiga Deruchette o vulto irresistível

loirejar, como um pomo agreste e delicioso
no ápice da montanha enorme do Impossivel

Rugia-lhe no peito o vulcão do heroismo.
E assim, numa explosão de lavas delirantes,
Gilliat se arremessou à escuridão do abismo
— Pigmeu a combater um mundo de gigantes!

E êle venceu! Arcou com o peso do Infinito!
E do torvo oceano à funda entranha escura
Foi arrancar o preço, o tesouro bendito
Com que comprasse ao Amor os sonhos de Ventura.

E assim como Gilliat, o lutador glorioso,
O Homem, êsse pigmeu, pobre átomo vil,
Eleva contra um mar soturno, tenebroso,
A rija intrepidez do cérebro viril!

Porque êle avista além dêsse escarcéu profundo,
Como um radiante sol esplendido, a fulgir
Da verdade o carão rutilante e fecundo
— Deruchette a alumiar seus sonhos de porvir!

Porque seu peito é como — a entranha de um Vesuvio
Que arroja como lavas — auroras sobre o céu!
Cada dia a vitória espalha-se em dilúvio...
São fúlgidos lauréis – Giordano e Galileu!

Mar! Há de te vencer de Gilliat o esfôrço!
Noite! O sol da Ciência há de rasgar-te os veus!
E o Homem, êsse pigmeu, há de curvar-te o dorso,
Tu, gigante feroz, mar que te chamas — Deus![10]

Poema de adolescência, impetuoso, juvenil, cheio de arroubos, repleto de adjetivos e exclamações, tudo destinado a agitar e provocar revoltas. Evidente que o jovem Vicente se tornou ídolo, chamado a declamar na faculdade, nas festas, nos bares, chegaram a dizer, eis um novo Castro Alves. Encantava as jovens. Mas havia ainda um caminho a percorrer.

10 V. de Carvalho, "Gilliat", *in* H. Vieira, *op. cit.*, pp. 33-35.

SANTOS, CIDADE AGITADA

Documentos da época assinalam que Santos nunca foi um grande centro escravista, mas colaborou intensivamente, por meio de clubes abolicionistas e da criação de quilombos, para o fim da escravidão. A repercussão que teve o movimento abolicionista na cidade se deve, em larga medida, à pujança do jornalismo e da imprensa local. Entre 1850 e 1930, Santos teve mais de 200 títulos de revistas e jornais em circulação. A maioria deles perdeu-se ao longo do tempo.

Além da força do abolicionismo, também foi forte e combativo o movimento operário na região. Em 1889, foi fundado na cidade o primeiro núcleo socialista do Brasil, responsável pela publicação "A Ação Social". Nessa época, a cidade foi palco de algumas das primeiras greves do país, ligadas a seu porto. Em 1891, ocorreu a primeira greve geral do Brasil, iniciada por duas categorias profissionais essenciais à vida da cidade: os estivadores e os cocheiros de bondes.

A cidade era a porta de entrada dos imigrantes estrangeiros, principalmente árabes, japoneses e italianos, em direção às fazendas de café do interior paulista. Entre 1850 e 1930, entraram pelo porto de Santos aproximadamente 4,5 milhões de imigrantes. Durante a República Velha, a cidade ficou conhecida como "Barcelona brasileira", com a organização de um movimento operário estruturado e combativo. O anarco-sindicalismo constituía a ideologia comum aos trabalhadores portuários, imigrantes de várias partes do mundo, aos quais se deve, sem dúvida, o caráter multicultural e cosmopolita que marca a cidade até hoje.

Na década de 1880 a 1890, Santos era uma cidade economicamente saudável, que dava oportunidades a quem quisesse nela se estabelecer. Além de ser o porto de maior movimento do país, a cidade representava o último elo de uma cadeia que se iniciava nas lavouras paulistas que produziam nossa principal riqueza, o café. Dali o destino era Europa e América do Norte. Nesta cidade se efetivavam as ações comerciais entre comissários e exportadores. O capital estrangeiro dominava este último percurso da cadeia do café paulista. Casas exportadoras, alimentadas por financeiras internacionais, dominavam as negociações do café brasileiro. Os lucros eram remetidos aos seus países de origem. O transporte do café se fazia somente por navios a vapor ingleses, alemães e franceses.

No entanto, na brecha destinada à atuação de firmas nacionais destacava-se que a liderança nas exportações de café em Santos, na metade da década de 1880, era de uma casa brasileira, a J. F. de Lacerda & Cia., presente nos dois polos da comercialização do produto, sendo casa comissária e exportadora.[11]

O pai de Vicente, certo dia, chamou-o:

> — A situação, meu filho, está difícil, mal estamos conseguindo nos sustentar. Ficou impossível mantermos você em São Paulo. Porém, a última coisa do mundo que desejamos é tirá-lo do curso.

11 Informações retiradas do trabalho "O predomínio das casas estrangeiras sobre a exportação cafeeira em Santos no século XIX", de Gustavo Pereira da Silva. Disponível em <http://www.scielo.org.mx/pdf/alhe/v22n3/v22n3a7.pdf>

Perturbado, Vicente descobriu a saída. Ela foi dada pela reforma no ensino brasileiro feita por Carlos Leôncio da Silva Carvalho em 1879. Essa reforma apoiava-se sobre dois pontos: a liberdade de ensino e a liberdade de consciência. Determinava-se "que possam ensinar todos aqueles que para isso se julgarem habilitados, sem dependência de provas oficiais de capacidade ou prévia autorização; que a cada professor seja permitido expor livremente suas ideias e ensinar as doutrinas que reputa verdadeiras pelo método que melhor entender". Há aqui a formulação de duas liberdades distintas: a de ofertar o ensino sem as amarras de qualquer verificação pública do saber de quem o ministra e a do discernimento sobre o que ensinar.

Vicente explicou ao pai:

> — Há uma possibilidade, meu pai! Posso fazer o que se chama Curso Livre. Estudar sem frequentar a faculdade. É válido e é legal.
>
> — Quer dizer que você volta para Santos?
>
> — Volto, procuro um emprego, invento alguma ocupação, e estudo.

A vida traça e une seus pontos. Neste regresso, Vicente reencontrou Luís Suplicy, amigo de infância, daqueles que de tão íntimos acabam se tornando irmãos. Eles eram a tal ponto ligados que garotos ainda juntavam em uma caixinha única o dinheiro que tinham para as despesas cotidianas, que na infância são uma e na juventude mudam. Suplicy seria um de seus padrinhos de casamento.

O que os dois criaram? Uma sociedade de sacaria de aniagem, uma vez que o porto era mercado ideal para isso. Trabalhando à noite, um fabricava, o outro vendia. Os escravos de dona Augusta, mãe de Vicente, ajudavam a costurar, depois de terem se esfalfado na faina dos bolos e doces. Certamente a situação daqueles escravos em família não escapava aos olhos do estudante e devia fazê-lo refletir. Sua mente registrava tudo. Não durou muito a atividade com a sacaria, não se sabe as razões. Logo, o jovem estava empregado como guarda-livros de um comerciante amigo do pai. Ele desdobrava-se entre os estudos, as leituras, os primeiros poemas, a pesca na ponte próxima a sua casa. E, de tempos em tempos as idas a São Paulo, no tempo de provas, pelos trens da São Paulo Railway, SPR, depois Santos-Jundiaí, hoje desativada. Escrevia, escrevia, não mostrava a ninguém, continha-se na ânsia e na insegurança de todo criador.

Até que Vicente considerou pronto e lançou seu primeiro livro, *Ardentias*, aos 19 anos, em 1885, edição da Tipografia do *Diário de Santos*. Foram poemas absolutamente românticos, mas em breve ele mudaria, aderindo ao parnasianismo, tendo sido considerado um mestre. Este movimento se opunha totalmente ao romantismo e, segundo a professora Daniela Rosa, surgiu na segunda metade século XIX na França e se espalhou pelo mundo. Pregava a busca da perfeição das formas poéticas, o rigor estético permeado por valores clássicos, a valorização da cultura clássica, a impessoalidade, o objetivismo e racionalismo, o cientificismo e o positivismo, e total oposição ao romantismo, linguagem refinada e rebuscada, marcada pela descrição detalhada de cenas e objetos.

Mais tarde, Vicente não renegaria este primeiro livro, mas, lendo-se o que escreveu, e apontamentos seus, de toda a sorte, percebemos como aqueles primeiros versos o afligiram por muito tempo. Era a busca da perfeição. Segundo Arnaldo Vicente de Carvalho, "trinta anos mais tarde o pai chamaria de 'quase tudo borrões – aspecto e circunstância'; e aconselhava aos jovens poetas que deixassem amadurecer sua poesia, antes de a fixarem em livro". Os críticos, todavia, nunca concordaram com ele, que era saudado como "poeta de grande merecimento", "conhecimento artístico e brilhantes rasgos de uma imaginação forte e bem dirigida" e "um dos primeiros poetas da geração acadêmica atual". Entre os recortes com críticas, notas e reportagens guardados pela filha Maria da Conceição, há um, assinado por A. J. da Costa e Silva, que não temeu afirmar que Vicente era "um dos carácteres mais sobressalentes da geração que frequenta nossa academia. Será uma das glórias literárias de nosso país, um dos enobrecimentos de seu torrão natal – essa pequena cidade... Santos ...".

Era notório que Vicente trabalhava, retrabalhava, revisava, reescrevia, cuidava, aparava arestas, sempre inconformado com a perfeição da frase, do verso, das rimas e ideias. Insatisfeito, fazia e refazia. Exigia, exigia-se, torturado, a polir, cortar, cortar, limpar.

Ao longo de sua vida, acompanhando o estudo que Hermes Vieira fez dele, pudemos extrair regras, pensamentos, normas que refletem o processo de criar daquele jovem, sua maneira de ser, como via a arte e oficio:

> Um belo verso há de conter uma bela ideia, ou não será um belo verso, apenas um vago rumor.
>
> *
>
> A poesia é uma arte puramente intelectual e eloquente da natureza.
>
> *
>
> No verso, as ideias se fundem na expressão e não há meio de as separar.
>
> *

> De todos os tempos e em todos os poetas, os versos que ficaram são os que têm a eternidade da perfeição, porque evocam, numa frase perfeita, flagrantemente representativa e modelarmente concisa, algum aspecto dessa maravilhosa, dessa variadíssima, dessa inesgotável paisagem que é a alma humana.
>
> *
>
> Concordo com Goethe quando diz que um poeta, enquanto dispõe apenas de uma rica ideia, não possui ainda coisa alguma. A expressão é tudo com a condição de ser a expressão de alguma coisa que dentro dela viva e palpite.

Há um texto do Departamento Estadual de Publicações do Estado de São Paulo, datado de 1946, sem assinatura, que revela o zelo com que o poeta trabalhava:

> Era insaciado no aprimoramento de suas produções artísticas. Tinha zelo real pelo que fazia. Pundonoroso, o fato de publicar um livro não significava tê-lo terminado. Todas as folgas que conseguia, aplicava-as à meditação da obra realizada eliminando falhas, aperfeiçoando estrofes. Era dedicado à sua arte. Fiel à sua musa. Já – mais tarde – em pleno domínio do seu senso poético, sua preocupação era evitar as frases nefelibatas, preferindo sempre ser sóbrio, simples, despretensioso. Trabalhava por vezes longamente, um verso para que ele se apresentasse dentro de uma naturalidade impecável. Gostava da poesia que, ocultando o esforço do poeta, flue como as claras e tranquilas nascentes da várzea, que apenas murmura discretamente deslizando sobre a areia macia.[12]

12 Publicação do Departamento Estadual de Publicações do Estado de São Paulo. São Paulo: Sociedade Gráfica José Magalhães Ltda., 1946.

Para ele, tudo isto funcionava como dogma. Que poderia ser impresso e colocado dentro de todas as aulas de literatura e de português. A alma do texto é restringir-se ao essencial. A escrita objetiva, econômica, direta. Este é um bom mandamento a todos que ministram oficinas de criatividade. A todos professores de português. Escrever o mínimo e neste mínimo colocar o máximo. Nisso se revela o talento, para não dizer o gênio.

Acrescentemos aqui um trecho do prefácio que Vicente escreveu para um livro de Gustavo Teixeira, chamado *Ementário.* Este autor entrou para a Academia Paulista de Letras, porém morreu antes da posse e hoje está esquecido, mas o prefácio é uma diretriz para o bom texto.

> Referi-me a sobriedade do poeta; é uma virtude austera e definitiva, que só os mestres atingem, que só os verdadeiros artistas praticam.
>
> O abuso das imagens é tentador como quase todos os vícios. A beleza é simples; mas o exagero dos ornatos tem um brilho falso que fascina os olhos ingênuos. Se tem cousa incompatível com a poesia, é o gongorismo, que, nas literaturas, assinala as fases de pobreza e decadência, e, nos indivíduos, é uma doença incurável dos incapazes, e uma crise vulgar nos principiantes.[13]

Certo dia, segundo familiares, naquela ânsia de ser perfeito e na insegurança que, já disse, acomete os criadores, Vicente de Carvalho pediu à sua esposa que destruísse todos seus originais. O que não acon-

13 Gustavo Teixeira, *Ementário*. São Paulo: Typographia Maré & C., 1908, pp. 3-14.

teceu. Assim como alguns anos mais tarde, na Europa, Franz Kafka fez o mesmo pedido ao seu amigo Max Brod para que queimasse suas obras incompletas, o que também não se deu. Quando Vicente viu publicado, e com grande sucesso o *Rosa, rosa de amor...*, agradeceu à Ermelinda com uma frase que se tornou clássica:

> Que eu sou quem sou por serdes vós quem sois.

Esta frase está entre os três últimos versos do poema, *Soneto da mudança*:

> A mudança será para nós dois:
> E então podereis ver, minha senhora,
> Que eu sou quem sou por serdes vós quem sois.

Fica no ar uma pergunta: ele já tinha escrito o soneto e fez dela uma declaração poética? Ou escreveu depois e fechou com a frase? Pequenos mistérios da arte da criação.

Desde os 20 anos Vicente era membro do Diretório Republicano de Santos. Logo tornou-se diretor do Grêmio Político. Sua turma foi considerada das mais brilhantes da época, nela pontificavam nomes como Alfredo Olímpio de Oliveira Duarte, João Ribeiro de Oliveira e Sousa, João Marcondes dos Santos, Joaquim Dias da Rocha Junior, Rodrigo Octavio de Langgaard Meneses, José Francisco de Paula Novais, Firmino Whitaker, Gomes Cardim e Alberto Torres. Desde 1885 Vicente estava no escritório de advocacia de seus primos [Antonio] Silva Jardim e Martim Francisco, lideres expressivos do movimento republicano e ali continuou após se formar.

O Manifesto Republicano de 1870 tinha incendiado o país, atingindo principalmente os jovens estudantes, ansiosos por ideias novas e liberais.

A fama granjeada com o livro *Ardentias*, e também sua adesão ao movimento antiescravagista, mais os ideais republicanos (ainda que os olhasse com certa desconfiança) tornaram Vicente uma figura popular e admirada pelo assombro com que batalhava. Assim como a cena do escravo açoitado pelos padres do seminário, outro fato o marcou profundamente, a reunião solene de 11 de marco de 1886, no Teatro Guarany (ainda de pé, atualmente) quando diante de duas mil pessoas foram alforriados todos os escravos de Santos, em um movimento pioneiro e de grande repercussão. Ele esteve ligado também a um grupo de caifazes, movimento radical, voluntário, que invadia fazendas à noite, enfrentava capitães-do-mato e libertava escravos das fazendas, levando-os para o Quilombo do bairro do Jabaquara, em Santos, criado em 1880. Chegou a ter 20 mil negros abrigados.

Foi o suficiente para torná-lo deputado provincial com 21 anos. Seria uma carreira curta, ainda que intensíssima, de cinco anos, em que o poeta, agora parnasiano, fez de tudo, agitou, correu, incansável. Ele deixaria a política aos 26 anos, depois de uma série de atitudes e decisões memoráveis.

BEIJO QUE ORVALHA MINHA BOCA

Certa noite, em um jantar em casa de amigos, Vicente encontrou-se com Ermelinda Mesquita, jovem de olhos verdes, porte altaneiro, como se dizia, e de família de alta casta. A sociedade era, então, dividida e os acessos entre uma e outra eram bastante complexos.

> — Você?

Teria ele exclamado, emocionado. Ela:

> — Eu? Acaso nos conhecemos?
>
> — Viajamos no mesmo vagão, vindo de São Paulo, dias atrás. Sou Vicente de Carvalho.
>
> — O poeta? Claro que ouvi falar do senhor. Todo mundo comenta, declama suas poesias. Lembro-me de nosso rapidíssimo encontro.

Ela mal podia imaginar que naquela curta viagem de trem, o coração do poeta tinha batido forte, aquela imagem o acompanhou o tempo inteiro, passou a fazer parte do seu cotidiano. Ele fantasiava, imaginava coisas de amor. Aquele olhar no vagão e o encontro no jantar foram duas imagens fulgurantes, fontes do poema "Rosa, rosa de amor IV":

> (Primeira sombra)
>
> — Mal me quer... bem me quer...
> — Será preciso
> Que uma flor assegure o que digo e tu vês?
> O meu olhar, pousando em teu sorriso,
> Mostra-te que és amada e adivinha que o crês.

— Mal me quer... bem me quer...
                                        — E, comovida,
Tremes, como esperando numa sentença atroz...
Supões que espalhe a noite em nossa vida
A sombra de uma flor perpassando entre nós?

— Mal me quer... mal me quer... Desde ontem quando
Faltaste, adivinhei tudo que a flor me diz.
Tenho-te junto a mim e fito-te chorando;
Beijas-me ainda, e já não sou feliz.

Sinto que és meu, aperto-te em meus braços
E, no pavor de um sonho angustiado e sem fim,
Ouço como um rumor fugitivo de passos
Que te afastam de mim...

Dize que estou sonhando, que estou louca!
Jura que sou feliz, que os teus dias são meus,
E que o beijo que ainda orvalha minha boca
Não é tua alma que me diz adeus.

A amorosa doçura do teu verso
Ecoou em minha alma; em teu verso aprendi
A soletrar o amor, o Amor – esse universo
Radioso, imenso, e resumido em ti.

A tua voz chamou-me; eu escutei-a
E segui-a, ditosa, a sorrir e a sonhar...
Fala-me ainda de amor! Não te cales, sereia
Que me atraíste para o azul do mar!

Minha alma, envolta em trapos de mendiga,
Vai seguindo, no chão, do teu passo o rumor.
Não me deixeis! Serei a sombra que te siga
Sem indagar onde me leva o amor.

Não me abandones! Ama-me! A risonha
Aurora inunda o céu todo afogado em luz...
— Mal me quer... bem me quer...
Pousada a fronte nos meus seios nus!

Que alegre madrugada cor de rosa,
Ser amada por ti, claro sol que tu és!
Eu dei-te a minha vida. É tua. Esbanja-a, goza
Toda esta primavera estendida a teus pés.

Bem amado que, como um pássaro num ramo,
Vieste acaso pousar o voo no meu seio,

> Não me deixes! Eu quero ouvir ainda o gorjeio
> Em que teu beijo é que dizia: "Eu te amo"![14]

Neste episódio ocorrem duas histórias paralelas. Hermes Vieira descreve este encontro, dizendo que ela, Ermelinda, naquele momento, "teve oportunidade de apreciá-lo melhor. E, diga-se de passagem, que Vicente era um rapaz insinuante: loiro, cabelos ondulados, tez muito alva, corpo esguio, ereto, estatura mediana, olhos castanhos claros, brilhantes e vivazes, sorriso irônico, maneiras simples, linguagem colorida e fluente, palestra encantadora".

Já em um delicado esboço biográfico do pai, publicado pela Academia Brasileira de Letras, em 1943, a historiadora Maria da Conceição Vicente de Carvalho e seu irmão Arnaldo Vicente de Carvalho trazem outra visão, que não deixa de ser curiosa:

> Certa tarde, Ermelinda, de apelido Biloca, jantava com sua família em casa de um amigo, quando anunciaram a chegada de Vicente de Carvalho. Assim que este se apresentou, não poude aquela jovem conter o impulso de desaponto que lhe causou o moço franzino e loiro, cujo olhar namorador de amante impenitente, já se cruzara com o seu, numa viagem anterior de estrada de ferro. Era, pois, aquele rapazola o autor das poesias e artigos que lêra e das atitudes que ouvia comentar em sua casa? Difícil conciliar a imagem que se criara desse homem que, experimentado, deveria ter os cabelos grisalhos coroando uma fisionomia carrancuda de lutador intemerato, com a cara que estava, risonha, a sua frente.[15]

14 *In* V. de Carvalho, *Rosa, rosa de amor...* Rio de Janeiro: Laemmert & Cia., Editores, 1902.

15 Maria da Conceição Vicente de Carvalho e Arnaldo Vicente de Carvalho, *Vicente de Carvalho*. Rio de Janeiro: Publicações da Academia Brasileira de Letras, 1943.

Existe ainda uma terceira versão, esta narrada por Hernâni Donato. Aquela jovem que Vicente tinha visto no trem nunca lhe saiu da cabeça, da alma.

> A amada era filha de um português severo, Francisco Ferreira de Mesquita, que residia na Rua frei Gaspar, quase diante do Café Java! Vicente começou a frequentar o café em torno de cujas mesas reunia amigos e compunha versos, sempre se colocando de modo a vigiar amorosamente as portas e janelas da casa fronteira. E todos os versos eram para ela. Aos amigos chegados reuniu-se por fim um irmão da bem amada.[16]

Teria sido este irmão que levou Vicente àquele jantar? Será que realmente Ermelinda nunca notara o jovem que estava todos os dias, ou tarde, talvez noites ali no café a olhar para portas e janelas? Não seria desprezar demais a sensibilidade feminina, muito mais apurada que a do homem? Como se desenrolam as histórias de amor?

O fato é que se casaram cinco meses depois, em uma quarta-feira, 7 de março de 1888. Vicente de Carvalho tinha 22 anos, quando se apaixonou por Ermelinda [Ferreira de] Mesquita. Entrou assim para o clã dos Mesquitas. O irmão de Ermelinda era Júlio de Mesquita.

Antes de se casar, acometido por uma congestão pulmonar (que jovem poeta não teve suas mazelas?), Vicente refugiou-se em uma fazenda em Rio Claro, interior de São Paulo, a convalescer, a ler e a pensar em Biloca. Ali recebia as cartas dela, o que acelerou a cura. No silêncio da província, leu, e poemas seus

16 H. Donato, *op. cit.*

– que amadureceram – vieram a formar seu segundo livro, *Relicário*. Os que estudaram o poeta nesse período afirmam que ele leu Vieira, Kant, Camões, Dickens, Goethe, Shakespeare, Victor Hugo, Alexandre Herculano, Alfred Musset, Heine, Balzac, De Amicis, Gonçalves Dias, Fagundes Varella, Álvares de Azevedo, Raimundo Correia, Voltaire e outros, naquele ímpeto que somente a juventude possui, devorando, engolindo tudo que é possível para alimentar ou dissipar a angústia e a inquietação de quem quer compreender a vida. Neste momento é que se iniciou a transposição de Vicente do romantismo para o parnasianismo.

Cresciam duas carreiras, a do poeta e a do homem público. Vicente tinha se tornado deputado do Congresso Constituinte do Estado em 1887, aos 21 anos, e foi também um dos redatores da Constituição Paulista e Secretário do Interior do Primeiro Governo Constitucional do Estado.

Além de seu casamento, 1988 marcou o lançamento de *Relicário*, considerado, segundo Hermes Vieira, "a indeclinável afirmação do talento do autor, de uma naturalidade espontânea, de uma força evocativa invulgar, fluente e comovida". O livro foi um sucesso de crítica e de público, Vicente de Carvalho tornou-se o intelectual do momento. A tal ponto que foi homenageado com um banquete por grandes nomes como Martim Francisco Filho, Inglês de Sousa, Gastão Bouquet, Adolfo Assis, Silva Jardim, Assis Pacheco Neto, Carlos Affonseca, J. Affonseca. O livro foi considerado pelo jornal paulistano *Diário Popular*, de 26 de março de 1888, como esplêndido, principalmente o poema "Marinha", que se tornou coqueluche na época. Hoje, diríamos, viralizou.

Marinha

Eis o tempo feliz das pescarias – quando
maio aponta a sorrir pela boca das flores.
Derramam-se na praia as gaivotas em bando...
Alerta, pescadores!

Crepusculeja ainda a aurora; mas quem pesca
deve esperar o dia entre as ondas, enquanto
sópra infunando a vela a matutina fresca,
e o sol não queima tanto.

Mulheres, fazei fogo! Ao alcance do braço,
mesmo à porta do rancho, a maré pôs a lenha.
Aprontai o café... Vibra já pelo espaço
a buzina roufenha.

Peixe na costa! O aviso erra de frágua em frágua,
chama de rancho em rancho os pescadores. Eia!
As canôas estão ainda fora d'água
encalhadas na areia.

Prestes, descei-as! Ide apanhar às estacas
a rêde; Ide-a colhendo às pressas; colocai-a
na canôas! Descendo agora nas ressacas,
isso, fóra da praia!

E é remar, é remar para o largo... Crianças
e mulheres, em terra, esperam aguentando
a corda que por sôbre o azul das ondas mansas
a canôa vai dando... [17]

[...]

Vicente dava expediente no escritório e ao mesmo tempo, ativíssimo, continuava pelos jornais batalhando em suas campanhas, a Republicana e a Abolicionista, principalmente pelo *Diário de Santos*. Mas, insatisfeito, fundou em 1889 o *Diário de Manhã*, onde se revelou um dos mais acerbos polemistas da

17 V. de Carvalho, "Marinha", *in* H. Vieira, *op.cit.*, pp. 88-9.

sua época. Nesse ano nasceram duas meninas, as primeiras em uma prole de dezesseis filhos, sendo que treze sobreviveram. Era curioso analisar o tom realista, profundo, irado, objetivo, de seus artigos e temas, com a suavidade de sua poesia, mesmo quando ela é amarga como em "Fugindo do cativeiro".

Ana Luiza Martins, historiadora, afirma que Vicente viveu "ansioso por construir uma nação moderna, procurando elevar o Brasil ao nível dos países cultos". Daí seu enorme interesse pela Educação. Batalhou pela alfabetização, pela reforma da Instrução Pública, criou a Seção das Caixas Populares, DNA das Caixas Econômicas, autorizou a fundação da Escola Superior de Agricultura, o que permitiu que o projeto da ESALQ - Escola Superior de Agricultura Luiz de Queiroz, hoje uma das maiores instituições do Brasil, fosse colocada de pé. Criou os alicerces de uma Escola Superior de Engenharia e batalhou pela instalação de Estações Agronômicas destinadas a alunos vindos da população pobre.

Moderna era sua proposta para racionalizar o ensino. Conhecia o país, os políticos, os politiqueiros, sabia como funcionava a máquina governamental. Positivista, Vicente tinha um lema: " Viver às claras". O Positivismo, que teve grande força na época, vinha do pensamento iluminista e foi criado por Auguste Comte diante dos grandes problemas sociais surgidos com a Revolução Industrial e a explosão demográfica dos grandes centros urbanos, que provocaram aumento da desigualdade em larga escala e a fome. Positivismo e a Sociologia foram os caminhos apontados por Comte para mudar a ordem mundial.

"Viver às claras". Imaginem uma determinação como essa no meio político, indo muitas vezes contra todos interesses envolvidos, principalmente os escusos. Daí as muitas decepções que Vicente teve. Vejam a atualidade de suas propostas, válidas ainda hoje em meio à debacle do ensino público, ante a "ausência", por dois anos, de um ministro da Educação e de qualquer orientação no sentido de ensinar, formar cidadãos.

Eis algumas das propostas do jovem político:

> Que se não instalem escolas em virtude de interesses locais de ocasião e sim por força de um "espirito de sistema, e indispensável proporcionalidade".
>
> *
>
> Aumento do vencimento dos professores, o que atrairá para o magistério público maior número de aptidões.
>
> *
>
> Criação de escolas normais, para vulgarizar e facilitar o preparo dos que se dedicarem ao ensino público.[18]

Com sua firmeza de caráter, seu viver às claras, evidente que desagradava bom número de pessoas em postos chave. Daí terem circulado boatos em relação a sua honradez, insinuando que ele "ganhava por fora" em decorrência de algumas decisões. O que hoje se chama propina. Essas notícias começaram quando ele comprou um grande terreno próximo a São Paulo para construir o tão necessário Hospital do Isolamento. Lembremos as epidemias de febre amarela e varíola que grassavam por todo o estado. As *fake news* não surgiram com a inter-

18 M. C. V. de Carvalho e A. V. de Carvalho, *op. cit.*, p. 41.

net, já existiam há décadas, para não dizer séculos, talvez milênios. Vicente saiu ileso de tudo. Sua filha Maria da Conceição, em curto livro sobre o pai (que guardadas proporções lembra um pouco o célebre *J'accuse*, de Émile Zola), escreveu: "O laudo da justiça de 4 de novembro de 1892 diz que não há fundamento para se duvidar da probidade do doutor Vicente de Carvalho". Estava inocentado, recuperara sua honra.

Deodoro da Fonseca governava de modo centralizador. Não queria a participação do Legislativo. Se olharmos a política e o Judiciário hoje podemos compreender bem o que é a monocracia, com decisões arbitrárias. Assim, no dia 3 de novembro de 1891, o presidente simplesmente dissolveu o Congresso, convocou eleições e exigiu a revisão da Constituição. Era a tentativa de uma ditadura militar que encontrou fortes reações no Brasil, ânimos exaltados entre os próprios republicanos e entre civis e militares.

Reunida, a Câmara dos Deputados em São Paulo protestou contra o golpe e reafirmou sua dedicação e lealdade à Constituição Federal que tinha sido violada. Mas o governador que estava a favor de Deodoro, quis mostrar que contava com o apoio da Câmara e do Exército. Trabalhou (entenda-se, comprou) alguns parlamentares e conseguiu um manifesto de apoio ao presidente golpista. Nesta moção houve os votos contrários de Vicente de Carvalho, Júlio de Mesquita, Cincinato Braga, Eduardo Guimarães, Paula Novais, Rivadávia Correia, Bueno de Andrade e Gonçalves Bastos. Em seguida, eles renunciaram e deixaram a Câmara. Pressionado pela revolta, no dia 23 de novembro, o marechal Deodoro renunciou, sendo a presidência ocupada por Floriano Peixoto. O novo governador de São Paulo, Cerqueira César consultou suas bases e nomeou Vicente de Carvalho para a Secretária do Interior em 26 de fevereiro de 1892.

1
Vicente de Carvalho, secretário do Interior do Estado de São Paulo, 1892

2

Vicente de Carvalho com a família, 1906.
Da esquerda para a direita: Paulo e Augusto (Tareco), Mercedes, Ermelinda (Dinda), Vicentina (Botão); ao centro sua mãe, Augusta Carolina; Maria Adelaide (Lalaide), Vicente e Ermelinda (Biloca), sentada.

3

Vicente e Biloca tiveram dezesseis filhos, dos quais treze sobreviveram. Aqui estão doze deles, a filha Maria Augusta ainda não era nascida. Da esquerda para a direita: Benedito Arnaldo, Ermelinda, Vicentina, Arnaldo, Maria da Conceição, Maria da Piedade, Mercedes, Augusto, Francisco, Maria Adelaide, Paulo e Hygino.

4
Vicente de Carvalho, 1911

5
A família na casa da rua Barão de Tatuí, 10, São Paulo, no dia do embarque para a Europa, 1912

6
Com Biloca em Genebra, Suíça, 1913

7
Ministro do Tribunal de Justiça de São Paulo, 1914

8
A casa em Indaiá, 1922

9
Entre familiares e amigos em Indaiá, no centro, Washington Luís, Biloca e Vicente, 1922

10
"Vicente de Carvalho", um dos vapores da Companhia de Navegação Fluvial Sul Paulista

11
Na última excursão pelo rio Ribeira de Iguapé, 1922

12
Vicente, Washington Luís e amigos na última excursão pelo rio Ribeira de Iguape, 1922

13
Com José Maria Whitaker, Samuel de Toledo, José Carlos de Macedo Soares e Erasmo Assumpção

14
Vicente de Carvalho pelo escultor Caetano Fraccaroli. Inaugurada em 21.07.1946, a despeito da campanha pública para que a estátua fosse instalada voltada para o mar, ela permaneceu de costas, no jardim da orla do Boqueirão, em avenida que leva o nome do poeta.

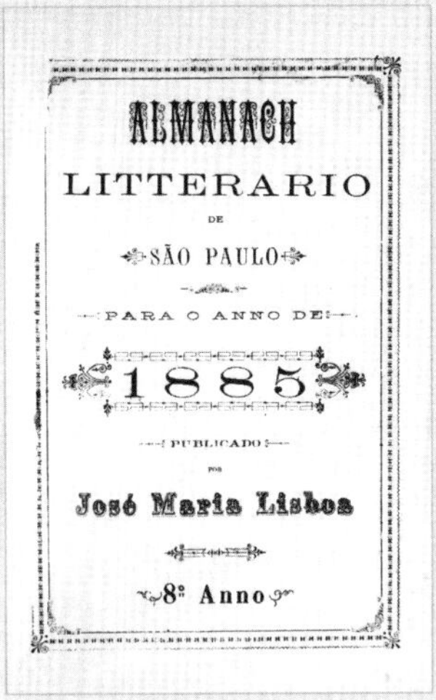

15
O "Almanach Litterario de São Paulo para 1885" publicou "Gilliat", poema escrito por Vicente de Carvalho aos 17 anos, em seu segundo ano de faculdade.

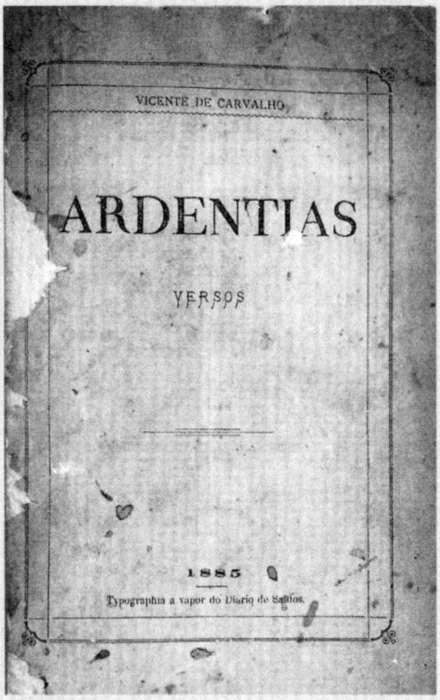

16
Ardentias, primeiro livro lançado por Vicente de Carvalho, aos 19 anos, em 1885.

17
Rosa, Rosa de amor..., 1902, exemplar dedicado a Raimundo Correia.

CARTA ABERTA

Ao exmo. sr. Presidente da Republica

Simples cidadão, sem outro titulo que o de filho desta cidade a que v. exa. dá hoje a honra e a alegria da sua visita, venho dirigir a v. exa. uma supplica.

Uma supplica — nem destoe essa palavra, como de humildade impropria de uma democracia de que tenho a honra de ser membro v. exa. é o Chefe: trata-se de interesse impessoal, puramente estheticos, em caso assim, supplicar, supplicar com fervor, supplicar publicamente, não humilha.

Interpreto perante v. exa., Supremo Magistrado da Nação, um sentimento que está apaixonando toda a população santista. Paira sobre ella a ameaça de ser privada da melhor das bellezas de sua terra — da linda praia da Barra, joia doada pela natureza, e que a nossa cidade vem, de geração em geração, gosando largamente e conservando com carinho.

V. exa. verá hoje com os seus olhos o que é essa linda praia, uma das mais formosas e aproveitadas do Brasil, producto da formosura natural beneficiada pela cinzeladura humana.

Margeada, em toda a sua extensão de seis kilometros, por uma opulenta avenida em boa parte já ajardinada, e que o está sendo na parte restante, desce para as ondas de uma esplendida bahia por suave declive de mais de cem metros de areia branca e dura que milhares de pessoas e centenas de automoveis percorrem cada dia.

Esse secular logradouro publico, possuindo e usufruindo, de tempos immemoriaes, por um imenso publico; essa riqueza esthetica, zelada de geração em geração, com carinho cada vez maior, pelas municipalidades santistas — paira no ar a ameaça de serem destruidas. Sobre o pretexto de que essa praia é terreno de marinha, estão particulares tentado apropriar-se della a titulo de aforamento.

Entrado assim no dominio privado, o tradicional logradouro publico desappareceria fraccionado, mutilado, despedaçado como por mãos de barbaros, com proveito, proveito pecuniario, de alguns individuos; e, sacrilegalmente coalhada de construcções particulares, a linda praia da Barra deixaria de existir, como dadiva mal empregada feita pela natureza a quem não a soube aproveitar.

Certo se não consumará no governo de v. exa. esse attentado. O estadista eminente que S. Paulo, agradecido, applaude e acclama; que, levantando-se, pelas suas mãos inspiradas, numa resurreição, o Nordeste do Brasil abençoa; que toda a Nação segue confiante, vendo na obra fecunda daquelle a quem em boa hora confiou a orientação do seu destino como uma avidez posta em acção de á manter, e a tornar cada vez mais, grande, forte e prospera; o estadista de largo descortino e decisão energica, que v. exa. se tem revelado, conserva, indelevel, a individualidade de fulgurante intellectual, de maravilhoso artista da palavra, que v. exa. sempre foi.

Sob o governo de um estadista que é tambem um estheta, capaz de comprehender, de sentir, de respeitar a belleza, certo se não consumará o crime que a ganancia de alguns individuos premedita. Mas essa certeza não basta á tranquillidade dos santistas; e o que, em nome de todos estes peço, imploro, supplico a v. exa. é que, fixando definitivamente o destino da praia da Barra, liberte assim a cidade de Santos do risco de vir a perder algum dia essa joia preciosissima.

V. exa. póde fazel-o, de accordo com a lei. Como terreno de marinha, a praia da Barra é susceptivel de ser aforada. O aforamento, pretendido pela ganancia de particulares, disputa-lh'o o zelo da municipalidade santista, que o requereu e se empenha, com toda a sua alma e com toda a razão por obtel-o. Os particulares cobiçam aquella joia para a despedaçar e entre si partilhar os seus fragmentos; a municipalidade de Santos defende-a para a conservar, como riqueza commum, cada vez maior, que secularmente tem sido.

Mas, argumentar-se-á, o aforamento a particulares será rendoso; o aforamento á municipalidade, a titulo gratuito. Está interessada nisso a Fazenda Nacional.

Deus do ceu! Que idéa essa, a de que alguem, que é o Governo Brasileiro, e o Governo de um brasileiro que se chama Epitacio Pessoa, venda pelo prato de lentilhas que a Biblia consagrou na execração dos homens, uma linda e preciosa joia de familia, da nossa familia santista, da nossa familia paulista, da nossa familia brasileira...

Para ser erigido na confluencia dessa tradicional praia da Barra com uma das bellas avenidas que a ligam á cidade de Santos, berço de José Bonifacio, o Patriarcha, se está fundindo um monumento de arte commemorativo do proximo centenario da Independencia.

Esse monumento olhará para a larga barra, magestosa de magestade natural e de magestade historica, por onde entrou, ha quatro seculos, a nau em que Martim Affonso vinha fundar, aqui, a primeira povoação do Brasil.

Para esse monumento, levantado pelo coração nacional e pela arte nacional associados, concorreu o Thesouro Federal, pela mão do Governo de v. exa., com muitas centenas de contos de réis. Ah, o Governo de Epitacio Pessoa, sr. presidente da Republica, passará á historia com a pecha de ter sido, nas suas linhas geraes, como em cada minucia, o Governo esbanjadoramente, orgulhosamente, corajosamente, apaixonadamente, largamente, e providencialmente Brasileiro...

E pensar alguem que, por attenção a pequenos interesses de dinheiro, de pouco dinheiro, de uma migalha, de alguns mesquinhos contos de réis que seriam para o Thesouro Nacional como gôttas dagua para o mar, para o immenso e verde mar da nossa terra natal, o Governo Brasileiro, o Governo de Epitacio Pessoa, consentiria nunca em que o que é, tradicionalmente, um patrimonio commum, fosse partilhado, como "res nullius", entre particulares: que o que é de todos nós, santistas, paulistas, brasileiros, passasse a ser de alguns individuos, indifferentemente nacionaes ou extrangeiros, e, que ao monumento commemorativo erigido pela Patria agradecida na terra do Patriarcha da Independencia, se fechasse a vista da barra por onde Martim Affonso entrou para lançar em terras do Brasil a primeira e fecunda semente de que germinou a nossa nacionalidade...

Não, exmo. sr. presidente da Republica; não exmo. sr. Epitacio Pessoa: tal não se dará no Governo de v. exa., e nessa certeza descançamos tranquillos. Mas tire-nos v. exa, com um destes gestos decisivos que lhe são familiares, da angustia em que tememos pelo futuro.

O interesse particular, e é elle que se empenha nessa obra sacrilega de destruição abre lentamente, como microbio activo e tenaz, caminhos subterraneos por onde se infiltra mesmo em organismo resistentes. Salve-nos v. exa. delle, neste caso em que tão a dentro do nosso coração nos ameaça. Salve-nos delle, com a sua mão poderosa de Chefe da Nação, guiada por uma alma luminosa de artista, capaz de sentir e amar tudo quanto cada parcella, grande ou pequena, contribue para a belleza inegualavel da nossa terra.

Deferindo, deferindo sem delongas, o requerimento da Camara Municipal de Santos, que pretende, e pretende-a para a conservar para todos nós, que somos o Brasil, essa joia preciosa da nossa grande familia brasileira, o Governo de v. exa., fará uma obra de justiça. E é o que me affoita a pedir-lh'a, nestas linhas toscas em cujo desalinhavado v. exa., mestre da palavra, perceberá que palpita e se expande um coração commovido, confiante em v. exa., como de brasileiro; cheio, como de paulista, da gratidão que nenhum paulista regateia, a v. exa., é ancioso como, mais miudamente, do santista, por ver, num pormenor que para nós, os santistas, vale muito, ligado á terra de José Bonifacio, fundador da nossa Patria, e de Epitacio Pessoa, continuador d'Elle.

Santos, 22 de agosto de 1921.

VICENTE DE CARVALHO.

18
Carta escrita por Vicente de Carvalho a Epitácio Pessoa a pedido de Joaquim Montenegro, prefeito de Santos, e publicada em *A Tribuna*, 22 de agosto de 1921.

POETA A DEFENDER A SAÚDE

Por décadas Santos se viu ameaçada por epidemias de febre amarela. As quais se juntou as de varíola que passaram a grassar pelo interior. Como aconteceria com a pandemia de covid-19, neste nosso tempo, um dos responsáveis foi o porto que recebia navios do mundo todo, trazendo contaminação, do mesmo modo que neste século XXI, os aviões internacionais trouxeram o coronavírus que se disseminou.

A febre amarela, segundo relatos científicos, apareceu no Brasil ao final do século XVII, com a vinda dos primeiros escravos africanos. No século XIX, chegou ao Rio de Janeiro, e rapidamente alcançou Santos, tornando-se uma grave epidemia na cidade. Em certos períodos o número de vítimas passou de 600. Até o fim do surto, metade da população havia morrido. Eram tantos os mortos que as igrejas, que os sepultavam, pararam de fazê-lo, a demanda era impossível de ser atendida e o cheiro que ficava nos templos sufocava, nauseava.

Como hoje, o governo foi omisso e o combate se deveu a grupos de voluntários, entre eles Vicente de Carvalho, que instalaram um sem número de enfermarias de campanha. A questão sanitária e higiênica sempre foi assunto vital na carreira pública de nosso poeta. Mantinha-se em contato com o mundo científico internacional e chegou a solicitar a vinda ao Brasil do célebre Louis Pasteur. Foi dele o projeto do Hospital de Isolamento do Instituto Bacteriológico e do Instituto Vacinogênico – esta, uma questão que parece sem fim no Brasil, permanece até hoje. Ana Luiza Martins afirma que se deve a Vicente de Carvalho a organização do Serviço Sanitário do Estado e o da criação do Serviços de Inspeção Sanitárias de fábricas, escolas, quartéis, oficinas, escolas, asilos. Santos tinha, então, as piores condições de higiene possíveis. Solo pantanoso, cidade fechada por morros complicando o sistema de ventilação natural, construções amontoadas, promíscuas, péssimos sistemas de esgotos e de fornecimento de água potável, centenas de navios despejando todo o seu lixo e bactérias provenientes de todos os lugares. Causou grande celeuma sua proposta de se construir outro porto, demolindo o velho, para ele, então, a maior fonte de infecção. Imaginem a batalha de interesses que enfrentou, das grandes empresas de navegação aos produtores e exportadores de café, dos comerciantes, portuários, ferroviários, enfim, da complexa trama de negócios que um dos maiores portos do Brasil sustentava. Ele enfrentou uma tarefa de Hércules e seus doze trabalhos. Para ele ou era isso – reformar ou fechar o porto –, ou iniciar uma monumental campanha de saneamento. Reformou-se o porto.

Em 1895, Vicente de Carvalho escreveu uma carta aberta, renunciando de vez ao jornalismo. Publicada em *O Estado de S. Paulo,* novo nome de *A Província de S. Paulo,* desde 1890. Em breve passagem por um sítio em Guarujá, onde imaginava poder viver da venda de leite, ovos e galinhas, acabou passando o tempo a ler, em lugar de produzir alimentos. Inspirado pelo sogro, em 1896, comprou uma fazenda, a Frutal, em Franca, decidido a produzir e negociar café. Homem do mar, da areia, dos espaços imensos, Vicente, súbito, inverteu totalmente seu horizonte. O café estava em alta. No entanto, o resultado foi tremendo fracasso. Tudo ocorreu ao contrário e Vicente de Carvalho se viu afundado em dívidas, plena debacle.

Foi necessário recompor a vida, voltar a aceitar convites dos jornais, dedicar-se ao conto, à advocacia e mudar-se para Campinas para trabalhar com um parente, Raimundo Blake. O destino parecia implacável, sua filha de dezoito meses Adelaide adoeceu e não resistiu. Foi um golpe profundo. Um tanto desatinado, a ele só restou voltar à cidade natal. E naquela angústia imensa publicou *Rosa, rosa de amor...*

Polêmica por todos os lados foi o que Vicente provocou em 1901 ao lançar *Solução para a crise do café*, uma reunião de artigos seus sobre o assunto, já publicados na imprensa. A reação se deu ante a sua afirmação de que a crise do produto se devia a excesso da produção brasileira, provocando a queda nos preços. Propôs, então, que a solução seria a destruição de determinada porcentagem da produção. Clamores vieram de todos os lados. Em 1931 a queima prevista três décadas antes, foi efetivada.

Em 1902, Vicente de Carvalho mergulhou em novo empreendimento no rio Ribeira de Iguape, a Companhia de Navegação Fluvial Sul Paulista. Destinada a servir a região do Vale, contou no início com dois vapores, adquiridos da Paulista, como era conhecida a poderosa Companhia de Estradas de Ferro, uma das mais bem organizadas ferrovias brasileiras. Com 46 anos, se julgarmos pelos padrões de hoje, era um homem novo. Bem-sucedida, a empresa chegou a ter, por volta de 1917, oito navios e vários barcos menores em circulação. Porém Vicente de Carvalho era um homem que vinha de intensos momentos como advogado, deputado, secretário do Interior, jornalista polemista, higienista, além da atividade intelectual que ele parecia levar mais à serio que tudo, com seu ego perfeccionista. Podemos dizer que, usando um termo de hoje, estava estressado e o primeiro sinal foi uma enterocolite, causada por bactérias, vírus, fungos ou parasitas. Hoje, seria tratado com antibióticos, porém estes custariam ainda quase meio século a chegar. O poeta vivia entre a cama, as viagens a Frutal com a família, a advocacia, e os percursos ao longo do rio em função da nova empresa.

Em 1904, ao saber da morte de Martins Júnior, jurista, poeta e político que ocupava a Cadeira 13, Vicente candidatou-se a Academia Brasileira de Letras e seu grande cabo eleitoral foi Euclides da Cunha, que o orientou em cada passo. Cumprindo as praxes da ABL ficou à espera de que os amigos, todos poetas, o elegessem. Criou até um slogan: "Poetas por poetas sejam... eleitos". Não foi. A desilusão abateu-o e agravou sua moléstia. Médicos recomendaram que a única solução seria uma temporada em Plombières.

Culto, conhecendo a história e cheio de sensibilidade, Vicente mostrou-se encantado. Plombières-les-Bains era mundialmente conhecida como uma encantadora estância termal para tratamentos reumáticos e intestinais, com dois mil anos de história. Os romanos descobriram suas águas sulforosas durante a conquista da Gália. Transformado em termas, o local teve como hóspedes nada menos que Napoleão e Josefina, Luís xv, Beaumarchais, Voltaire, Montaigne, Berlioz, Alfred de Musset, Lamartine, Goya. Imagine-se a atmosfera. Vicente e Ermelinda partiram em maio de 1905. Foram longos meses em que o humor do poeta oscilou entre a nostalgia da pátria e dos embates, as saudades dos filhos e o fascínio da pequena vila de ruas estreitas, com balcões de ferro dando para as escarpas, de onde veio o nome de Cidade dos Mil Balcões, que a caracteriza ainda hoje.

Passados cinco meses, o casal regressou e quase imediatamente Vicente fundou e começou a dirigir

O Jornal, prosseguindo nas atividades que prometera abandonar. Incansável, criou o Liceu Feminino Santista, escola normal, destinada a formar professoras. Ensino continuava a ser sua paixão. Sua mulher será a diretora e ele dará aulas. Faz de tudo, hiperativo. No carnaval de 1907, decidiu retomar a antiga paixão, a pesca. Dias e dias felizes, ao sol, naquilo que fora toda sua vida, alegria e motivo de tantas poesias. O ar marinho fazia-lhe bem, deixou-se ficar, qual um incauto turista sem noção. Daí terem aparecido em suas mãos pequenas bolhas que ele tratou como habitualmente. Com um alfinete furava as bolhas, costume difundido na medicina caseira e que sempre dava certo. Nem tudo é igual o tempo todo. Uma das bolhas em um dos dedos cismou em se tornar ferida, cresceu, feia e dolorosa e só então se descobriu que havia uma cárie óssea irreversível. A solução seria a amputação do dedo. Porém a doença foi mais rápida, a infecção se alastrou pelo braço, a estada no hospital se prolongou. Vicente se angustiava, precisava trabalhar, tinha clientes na advocacia, o jornal, contas a pagar. Ele sofreu. Enfraqueceu fisicamente, a morte parecia certa. Demoraram os clínicos a decidir pela amputação do braço, que seria o único remédio. Poeta, mas pé no chão, ele ainda se levantou e tratou de organizar a vida, fazer testamento. Foi para a mesa de operação na certeza de que não voltaria. Voltou. Aos que o olhavam com compaixão, ele ironizava: "Camões não foi manco de um olho? Eu sou caolho de um braço...". Continuou igual, intenso.

Reuniu a família e decidiram mudar-se para São Paulo. Conseguiu nomeação para uma das Varas da capital. Era agora Juiz de Direito. Novo capítulo de vida, ele estava acostumado com tantas idas e vindas. A escapatória para tantas aflições se dava por uma única fonte, a poesia. Ele trabalha e retrabalha. Faz e refaz. Saudades da infância. Volta a dor da filha morta. Novas angústias que somente os versos podem sublimar. Destas lembranças amargas surge uma de suas obras primas, "O pequenino morto" e também o antológico "Fugindo ao cativeiro".

Finalmente em 1908 ele publicou novo livro, *Poemas e canções*. Fazia seis anos que não lançava nada. Nunca teve pressa. Foi edição de luxo que vendeu rapidamente, e teve uma segunda edição no ano seguinte. Vicente tornou-se o poeta da vez. Essa edição é hoje clássica, de colecionador, porque nela pode-se dizer que fulguraram 21 páginas do prefácio escrito por Euclides da Cunha que, em 1902, assombrara o Brasil com *Os sertões*. É a apoteose do poeta santista.

Destaquemos alguns segmentos:

> Ora, o que para logo se destaca nos *Poemas e Canções*, alentando o subjetivismo equilibrado de um verdadeiro poeta, é um grande sentimento da natureza. O amor, considera-o Vicente de Carvalho como ele é, pozitivamente: um caso particular da simpatia universal. E tal como nol-o apresenta
>
> *risonho e sem cuidados,*
>
> *Muito de altivo, um tanto de insolente*
>
> diz-nos bem que na sua forma comum, fiziologica e rudimentar de um egoismo a dois, ele não lhe traduz uma condição primária do sentimento, escravo de uma preocupação mórbida e humilhante, senão um belo pretesto para rezumir num objeto, em harmonioso sincretismo, os atributos encantadores da vida. O poeta diviniza a mulher como o estatuario diviniza um pedaço de marmore: pela necessidade ansiozissima de uma sinteze do maior número de belezas infinitas que lhe tumultuam em torno. Neste lance podemos aplicar- lhe a fraze pinturesca de Stanchwith: "Não podendo apertar a mão desse gigante que se chama

> Universo, nem dar-lhe um beijo apaixonado na Natureza, resume- os num ezemplar da humanidade.[...][19]

O sucesso do livro no Rio de Janeiro se contrapõe à morte da mãe a qual o poeta era imensamente ligado. Uma das provas é a farta correspondência entre ambos. Surgiu nova vaga na Academia Brasileira de Letras, outro sonho, mas quando pensava em candidatar-se soube que o jurista, jornalista e político Conselheiro Lafayette Rodrigues Pereira também almejava a cadeira e retirou a candidatura. Porém, com a morte de Artur Azevedo, conhecido como o "rei da comédia de costumes", em outubro de 1908, Vicente de Carvalho candidatou-se e foi eleito para a Cadeira 29 em 11 de maio de 1909. No entanto, jamais tomou posse. Quem o receberia na ABL seria [Tristão de Alencar] Araripe Junior, intelectual de nomeada, a quem ele prezava enormemente. Cearense, crítico literário, foi um dos membros das sessões preparatórias para a instalação da Academia Brasileira de Letras, fundador da Cadeira 16, cujo patrono era Gregório de Matos Guerra. Advogado, teve, ao lado de José do Patrocínio, firme atuação na campanha abolicionista. Foi diretor geral da Instrução Pública e terminou carreira brilhante como Consultor Geral da República. Porém, Araripe veio a falecer e Vicente de Carvalho decidiu que não desejava ser recebido por nenhum outro acadêmico. O site da Academia hoje registra apenas: Segundo ocupante da Cadeira 29, eleito em 1º de maio de 1909, na sucessão de Artur Azevedo e recebido por carta na sessão de 7 de maio de 1910.

19 Euclides da Cunha, "Prefácio", *in V. de Carvalho, Poemas e canções.* São Paulo: Cardozo Filho & Comp., 1908.

A saúde precária levou-o de volta à Plombières-les-Bains com uma parada em Portugal, onde foi de tal modo assediado pela imprensa, intelectuais e admiradores que ganhou uma edição de *Poemas e canções* naquele país. Na volta, além de juiz criminal, passou também a atuar na Vara Cível. Entre a advocacia e o fórum o poeta continua ativo. Maria da Conceição, sua filha, anotou, certa vez, um desabafo do pai: "Eles – os versos – aparecem quando querem e não quando eu quero escrevê-los".

Finalmente a Academia Paulista de Letras, que ele criticara e ironizara quando de sua fundação, o elegeu em 1911, por boa votação, quando Rafael Correia, faleceu. Cadeira 37, cujo patrono é João Mendes. Na posse, foi saudado pelo barão de Brasilio [Augusto] Machado [de Oliveira], que assegurou:

> Sois poeta, poeta entre os que mais o são, e para nós é o quanto basta: poeta de vocação, poeta que faz profissão de o ser.[20]

O homem genioso que na Academia Brasileira de Letras se recusara a traçar o perfil de seu antecessor, Artur Azevedo, caso único em toda história da instituição, mudou de atitude. Numa só fala definiu tanto o patrono quanto o fundador da Cadeira:

> Em ambos o profundo sentimento religioso alicerçou a uniformidade da vida. Num tempo de transição brusca, numa sociedade agitada pela ânsia de transformação como por uma febre, cheia de confiança num futuro que não se define bem, mas para o qual avança com avidez, esses dois homens de bronze se

20 H. Vieira, *op. cit.*, p. 211.

mantiveram, com rara perseverança espiritual, heroicamente fieis, nos sentimentos, nas ideias, na conduta aos dogmas em cuja disciplina se criaram, viveram e morreram.[21]

Neste mesmo ano, junto a um grupo de intelectuais e professores tentou fundar a Universidade de São Paulo, o que, no entanto, não se efetivou. A ideia ficou no ar por mais vinte e três anos, quando então surgiu a atual USP. Ideias ele tinha, e muitas. Não se sabe onde arranjava tempo para colocá-las em prática, como foi o caso da criação da Sociedade de Cultura Artística de São Paulo, destinada a democratizar o acesso daquela parcela da população que não tinha possibilidade de pagar os altos preços dos espetáculos como ópera, concertos, teatro, balé. Há quem diga que a ideia desta sociedade teria sido insuflada pela pianista Guiomar Novaes, uma de suas melhores amigas.

Finalmente bem de vida do ponto de vista financeiro, Vicente em 1912, aos 46 anos, teve de retornar a Plombières-les-Bains, pois se mostrava cada vez mais frágil. Desta vez, levou a família e os treze filhos numa vilegiatura que iria durar bom tempo. Encantou-se com Genebra e ali alugou casa. Viajou pela Itália e antes de se encerrar em sua temporada termal em Plombières, enviou a família de volta ao Brasil, ficando sozinho. Ao regressar, transformou a Empresa Silva Martins de navegação em sociedade anônima e se retirou da direção. Estávamos em 1916 e foi quando Vicente de Carvalho escreveu seu último poema, "A voz do sino", acrescentado na terceira

21 Ibidem, p. 210.

edição do *Poemas e canções*, lançado em noite de grande festa em junho de 1917 com a *crème de la crème*, expressão típica da época, da intelectualidade, da política e dos juristas. Naquela noite, em um grande banquete, foi entregue ao poeta seu busto, esculpido por William Zadig. Cume de uma vida e carreira. Uma quarta edição do livro saiu em 1919 com fortuna crítica. Imaginemos que hoje em dia um livro de poesia vende vagarosamente. Pensando em cerca de um século atrás, devemos ficar estupefatos com o livro de Vicente chegar à nona edição em 1934, com nada menos de 292 páginas, tantos eram os ensaios, interpretações, críticas e citações nele incluídos.

E foi em 1917 que Vicente encontrou seu refúgio, lugar de sonhos, destinado a ser desfrutado para repouso e velhice. Ele conhecia o litoral paulista como a palma da mão, não havia recanto em que não tivesse estado. Comprou um terreno em Indaiá, litoral norte, junto a Bertioga. Recanto idílico, também conhecido como Cantão do Indaiá, final da Praia da Enseada, com águas calmas. Hernâni Donato contou que Vicente desenhou sua própria casa e a fez construir em madeira, em São Paulo, levando-a para o litoral com complexo sistema de transporte, o que provocava a curiosidade das pessoas. Mas por anos foi admirada. O que mostra que o poeta estava mesmo à frente de seu tempo, pois hoje as casas pré-fabricadas são consideradas mais baratas, práticas, adaptadas a qualquer clima e região, mar ou montanha. E nela Vicente se instalou, seria para sempre. Escreveu Donato:

> [Ali, ele] fixou-se, na praia de onde desfrutava, aberto à sua frente, dia e noite, o velho e amado oceano. Cantava o mar, levava os amigos em passeatas pela

> imensidade líquida e enfurecia-se com a possibilidade de negociantes se apoderarem de uma zona da praia para urbanização com finalidades comerciais.[22]

Estava prevendo o futuro, a luta pela preservação, as batalhas ambientalistas, a guerra que se trava no Brasil e no mundo contra os negacionistas? Quando contarmos a história da guerra verde, lembremos que Vicente de Carvalho tem um lugar nela. Vejamos um desses momentos.

22 H. Donato, *op. cit.*

NA DEFESA DO MEIO AMBIENTE

Aos 54 anos, o poeta pediu demissão do cargo de ministro do Tribunal de Justiça e retomou o escritório de advocacia. Escreveu uma peça teatral para um grupo de amigos, entre os quais estavam Cecília Lebeis, Belah Andrade e Octávio Pinto. Cecília e sua irmã Madalena Lebeis eram cantoras líricas super conhecidas, tias de Paulo Bomfim, expoente da poesia paulista, chamado o Príncipe dos Poetas. Cecília casou-se com Theodomiro Dias e é mãe do advogado José Carlos Dias, que foi ministro da Justiça e é um dos grandes defensores dos direitos humanos do Brasil.

Quanto a Octávio, era arquiteto e compositor, marido de Guiomar Novaes, pianista, expoente da música clássica. A peça, uma comédia em dois atos, intitulada *Luizinha* acabou não sendo encenada. Foi escrita em uma semana. Publicada em 1924 pela Companhia Graphico Editora Monteiro Lobato, traz também os contos "Os Humildes", "Crianças", "Estremos", "Em Roda de Fogo" e "Selvagem", contos regionais. Os contos foram uma raridade na carreira de nosso biografado.

Um dia, em 1921, o poeta recebeu a visita de seu amigo de lutas políticas Joaquim Montenegro, prefeito de Santos. Pedia ajuda para um grave problema, que acabou tornando Vicente de Carvalho um dos pioneiros em meio ambiente no Brasil. O prefeito estava desesperado, porque um grupo estava tentando, por todos os meios, simplesmente abocanhar uma das mais belas praias da cidade, para nelas levantar arranha-céus, em uma fúria imobiliária que significaria a devastação absoluta da paisagem e da natureza.

> Vicente, o presidente Epitácio Pessoa está vindo a Santos. Ninguém melhor do que você para chegar nele, explicar a questão e pedir intervenção. É um crime sem tamanho.

O poeta comprou a briga e redigiu uma carta que, pelo teor e pelo estilo, merece um lugar na literatura. Pura poesia dentro de um documento oficial que tinha tudo para ser áspero, direto, sem graça, em linguagem fria de burocrata. Vale a pena lermos alguns trechos:

> [...] venho dirigir a V. Excia. uma supplica.
>
> [...]
>
> Interpreto perante V. Excia., Supremo Magistrado da Nação, um sentimento que está apaixonando toda a população santista. Paira sobre ela a ameaça de ser privada da maior das belezas de sua terra — da inda praia da Barra, jóia doada pela natureza e que nossa cidade vem, de geração em geração, gosando largamente e conservando com carinho.
>
> [...]
>
> Margeada, em toda sua extensão de seis quilômetros, por uma opulenta avenida em boa parte já ajardinada, e o que está na parte restante, desce para as ondas de uma esplendida baia por suave declive de mais de cem metros de areia branca e dura que milhares de pessoas e centenas de automóveis percorrem a cada dia.
>
> Esse secular logradouro público, possuído e usufruído de tempos imemoriais por um imenso público; essa riqueza estética; zelada de geração em geração, com carinho cada vez maior pelas municipalidades santistas – paira no ar a ameaça de serem destruídos. Sob o pretexto de que essa praia é terreno da Marinha, estão particulares tentando apropriar-se dela a título de aforamento.
>
> Entrando assim no domínio privado, o tradicional logradouro público desapareceria fracionado, muti-

lado, despedaçado como por mãos de barbaros, com proveito, proveito pecuniário de alguns indivíduos; e, sacrilegamente coalhada de construções particulares, a linda praia da Barra deixaria de existir, como dádiva mal empregada feita pela natureza a quem não a soube aproveitar.

Certo se não consumará no governo de Vossa Excia. êsse atentado. O estadista eminente que são Paulo agradecido, aplaude e aclama [...] o estadista de largo descortinio e decisão enérgica, que V. Excia. se tem revelado [...]

Sob o governo de um estadista que é também um esteta, capaz de compreender, de sentir, de respeitar a beleza, certo não se consumará o crime que a ganância de alguns indivíduos premedita. Mas essa certeza não basta à tranquilidade dos santistas e o que, em nome de todos êstes peço, imploro, suplico a V. Excia. é que, fixando definitivamente o destino da praia da Barra, liberte assim a cidade de Santos do risco a vir a perder algum dia essa jóia preciosíssima.

V. Excia. pode fazê-lo de acôrdo com a lei. Como terreno da Marinha, a praia da Barra é suscetível de ser aforada. O aforamento, pretendido por particulares, disputa-lho o zelo da Municipalidade Santista, que o requereu e se empenha, com toda sua alma, e com toda a razão, por obtê-lo. Os particulares cobiçam aquela jóia para a despedaçar e entre si partilharem os seus fragmentos; a Municipalidade de Santos defende-a para conservar, como riqueza comum, cada vez maior, que secularmente tem sido. Mas argumentar-se-á, o aforamento a particulares será rendoso; o aforamento à Municipalidade será a título gratuito. Está interessada nisso a Fazenda Nacional.

Deus do céu! Que ideia essa, a de que alguém que é o Govêrno Brasileiro, e o Govêrno de um brasileiro que se chamam Epitácio Pessôa, vender pelo prato de lentilhas que a Bíblia consagrou na execração dos homens, uma linda e preciosa joia de família, da nossa família santista, da nossa família paulista, da nossa família brasileira.

> [...]
>
> Não, Exmo. Sr. Presidente da República; não, Exmo. Sr. Epitácio Pessôa; tal não se dará no Govêrno de V. Excia. e nessa certeza descançamos tranqüilos. Mas tire-nos V. Excia. com um dêsses gestos decisivos que lhe são familiares, da angústia em que tememos pelo futuro.
>
> [...]
>
> O interesse particular, e é ele que se empenha nessa obra sacrílega de destruição, abre lentamente como micróbio ativo e tenaz, caminhos subterrâneos por onde se infiltra mesmo em organismos resistentes. Salve-nos V. Excia. neste caso em que tão a dentro do nosso coração ele nos ameaça.. Salve-nos desse perigo, com a sua mão poderosa de Chefe da Nação, guiada pela alma luminosa de artista, capaz de sentir e amar tudo quanto como parcela, grande ou pequena, contribui para a beleza inigualável da nossa terra.[23]

A carta de 22 de agosto de 1921 continua por mais alguns parágrafos. Mostra como um poeta sabe manipular a língua, usando ironia, sensatez, certo servilismo verbal que um político adora. Ela adverte: presidente, olhe lá o que vai fazer. Dava de leve com o açoite e lambia a ferida, exaltava a vaidade, o poder. Uma carta que pode ser vista como um modelo de argumentos com mão dupla e tripla, sensibilidade e firmeza. E síntese, Vicente de Carvalho quis dizer, decida-se e a história o julgará e ela pode ser inclemente. Epitácio decidiu. A praia da Barra foi salva.

O ano seguinte, 1922, foi de júbilo para o Brasil com a comemoração do Centenário da Independência. O presidente de São Paulo, Washington Luís desig-

23 V. de Carvalho, *Dous discursos e uma carta*. São Paulo: Martinelli, Passos & Cia., 1921.

nou Vicente de Carvalho para representar o Estado no Primeiro Congresso Jurídico Nacional no Rio de Janeiro. Além de sua atribuição oficial, Vicente e esposa levavam intensa vida social, incluindo uma visita a Academia Brasileira de Letras, que ele raramente frequentava. Ele sabia usufruir a vida.

A ÚLTIMA VIAGEM

Os convites foram chegando para uma viagem pela Ribeira de Iguape. De prazer, divertimento, descontração. Os amigos convidados, todos da elite paulistana, era gente de nomeada como José Carlos de Macedo Soares, jurista, escritor, da Comissão de Organização da Semana de Arte Moderna de 1922, membro das Academias Brasileira e Paulista de Letras; José Maria Whitaker, advogado, banqueiro, foi presidente do Banco do Brasil, ministro da Fazenda, governador interino do Estado, milionário do mercado cafeeiro; Erasmo Assumpção e Samuel de Toledo, entre outros. O grupo seria hoje definido como vip. Era uma viagem de lazer, relax, água e sol, cardápios refinados. Seriam quase 600 quilômetros de percurso, entre barco, trem, troly e cavalo. Café da manhã, almoços, jantares, chás, palestras, projeção de filmes. Era, de certo, com antecipação de um século o programa "Navegar é preciso" promovido anualmente pela Livraria da Vila, de São Paulo, no Amazonas.

Ancorados em Cananeia, decidiu-se que ali passariam o dia. Aquilo realmente era isolamento e repouso, prazer, não havia telefone, comunicação, nada. Naquele dia, Vicente decidiu voltar ao velho hábito, a pesca. Seus peixes seriam para uma refeição especial em que ele não só pescaria, como prepararia tudo. Embarcou e se afastou. Horas depois começou uma chuva miúda, ele, indiferente, se deixou ficar atento à vara, aos peixes. A roupa molhada trazia uma sensação de liberdade. Uma única preocupação. Que os peixes mordessem a isca e fossem trazidos a bordo. Súbito, tudo se inverteu. O dia esfriou, o vento batia, a roupa se colou ao corpo, como uma capa de gelo. Vicente voltou e recolheu-se ao leito, buscando se reaquecer. Começo da noite, rápida, a pneumonia se manifestou. Em minutos se organizou a volta. Chegaram a Santos, cidade que tinha recursos médicos e foram direto para a casa de um filho, que logo se encheu de gente, a notícia estava correndo. Iniciou-se a batalha, usando-se todos os expedientes. Vicente piorava. Era sua quarta pneumonia. Depois da enterocolite tornara-se um homem por demais fragilizado. Mesmo assim, com mulher e filhos tentava febrilmente "arrumar" a vida, organizar o trabalho do escritório, da empresa, da divisão de bens. Não esquecia um detalhe. Logo perdeu a voz, começou a agonia.

Faltavam dez minutos para a meia-noite do dia 21 de abril de 1924, quando o poeta partiu para sua última viagem.

O POETA DO MAR DE COSTAS PARA O MAR

Ouviu-se uma salva de palmas da multidão reunida na praia do Boqueirão em Santos, e dona Ermelinda de Carvalho descerrou a cobertura da estátua de seu marido Vicente de Carvalho, o poeta do mar, esculpida por Caetano Fraccaroli. Dia 21 de julho de 1946. René Thiollier falou em nome da Academia Paulista de Letras. O poeta de São Paulo, Guilherme de Almeida, em nome da Academia Brasileira de Letras, disse:

> Aqui está, em efígie, perenemente, olhando o mar perene, o pescador de pérolas que, de cada mergulho do seu sonho, sempre trouxe à tona do 'mar, belo mar selvagem' a pérola de um verso.

A imprensa santista em peso registrou que Fraccaroli "representou o poeta do mar com ar meditativo, recostado, tendo um livro à mão. Nota-se também no semblante uma leve alegria".

Uma reforma urbana realizada na cidade anos atrás inexplicavelmente colocou a estátua de Vicente de costas para o mar, o que vem provocando discussões ácidas e irônicas. Será impossível mantê-lo assim. Com os anos, os ventos, as brisas, a força que o poeta sempre teve, a ajuda dos santistas que a cada momento darão um leve empurrão, o bronze se voltará para o mar que a vida inteira ele cantou:

> É o tempo em que adormeces
> Ao sol que abraza: a cólera espumante,
> Que estoura e brame sacudindo os ares
> Não os sacode mais, nem brame e estoura;

Apenas se ouve, tímido e plangente,
O teu murmúrio; e pelo alvor das praias,
Langue, numa caricia de amoroso,
As largas ondas marulhando estendes.[24]

24 "Palavras ao mar", *in Vicente de Carvalho*. Coleção Melhores poemas. Seleção e prefácio Cláudio Murilo Leal. São Paulo: Global Editora, 2005.

PALAVRAS AO MAR
BREVE ANTOLOGIA

CANTIGAS PRAIANAS

Ouves acaso quando entardece
Vago murmúrio que vem do mar,
Vago murmúrio que mais parece
Voz de uma prece
Morrendo no ar?

Beijando a areia, batendo as fráguas,
Choram as ondas; choram em vão:
O inútil choro das tristes águas
Enche de mágoas
A solidão...

Duvidas que haja clamor no mundo
Mais vão, mais triste que esse clamor?
Ouve que vozes de moribundo
Sobem do fundo
Do meu amor.

In Poemas e canções, 1908

A FLOR E A FONTE

"Deixa-me, fonte!" Dizia
A flor, tonta de terror.
E a fonte, sonora e fria
Cantava, levando a flor.

"Deixa-me, deixa-me, fonte!"
Dizia a flor a chorar:
"Eu fui nascida no monte...
Não me leves para o mar."

E a fonte, rápida e fria,
Com um sussurro zombador,
Por sobre a areia corria,
Corria levando a flor.

"Ai, balanços do meu galho,
Balanços do berço meu;
Ai, claras gotas de orvalho
"Caídas do azul do céu!..."

Chorava a flor, e gemia,
Branca, branca de terror.
E a fonte, sonora e fria,
Rolava, levando a flor.

"Adeus, sombra das ramadas,
Cantigas do rouxinol;
Ai, festa das madrugadas,
"Doçuras do pôr-do-sol;

"Carícia das brisas leves
Que abrem rasgões de luar...
Fonte, fonte, não me leves,
Não me leves para o mar!"

As correntezas da vida
E os restos do meu amor
Resvalam numa descida
Como a da fonte e da flor...

In Poemas e canções, 1908

PEQUENINO MORTO

Tange o sino, tange, numa voz de choro,
Numa voz de choro... Tão desconsolado...
No caixão dourado, como em berço de ouro,

Pequenino, levam-te dormindo... Acorda!
Olha que te levam para o mesmo lado
De onde o sino tange numa voz de choro...
Pequenino, acorda!

Como o sono apaga o teu olhar inerte
Sob a luz da tarde tão macia e grata!
Pequenino, é pena que não possas ver-te...
Como vais bonito, de vestido novo
Todo azul celeste com debruns de prata!
Pequenino, acorda! E gostarás de ver-te
De vestido novo.

Como aquela imagem de Jesus, tão lindo
Que até vai levado em cima dos andores,
Sobre a fronde loura um resplendor fulgindo
— Com a grinalda feita de botões de rosas
Trazes na cabeça um resplendor de flores...
Pequenino, acorda! E te acharás tão lindo
Florescido em rosas!

Tange o sino, tange, numa voz de choro,
Numa voz de choro... Tão desconsolado...
No caixão dourado, como em berço de ouro,
Pequenino, levam-te dormindo... Acorda!
Olha que te levam para o mesmo lado
De onde o sino tange numa voz de choro...
Pequenino, acorda!

Que caminho triste, e que viagem! Alas
De ciprestes negros a gemer no vento;
Tanta boca aberta de famintas valas
A pedir que as fartem, a esperar que as encham...
Pequenino, acorda! Recupera o alento,
Foge da cobiça, dessas fundas valas
A pedir que as encham.

Vai chegando a hora, vai chegando a hora
Em que a mãe ao seio chama o filho... A espaços,
Badalando, o sino diz adeus, e chora
Na melancolia do cair da noite;
Por aqui só cruzes com seus magros braços
Que jamais se fecham, hirtos sempre... É a hora
Do cair da noite...

Pela Ave-Maria, como procuravas
Tua mãe!... Num eco de sua voz piedosa,
Que suaves coisas que tu murmuravas,
De mãozinhas postas, a rezar com ela...
Pequenino, em casa, tua mãe saudosa
Reza a sós... É a hora quando a procuravas...
Vai rezar com ela!

Depois... teu quarto era tão lindo! Havia
Na janela jarras onde abriam rosas;
E no meio a cama, toda alvor, macia,
De lençóis de linho no colchão de penas.
Que acordar alegre nas manhãs cheirosas!
Que dormir suave, pela noite fria,
No colchão de penas...

Tange o sino, tange, numa voz de choro,
Numa voz de choro... Tão desconsolado...
No caixão dourado, como em berço de ouro,
Pequenino, levam-te dormindo... Acorda!
Olha que te levam para o mesmo lado
De onde o sino tange numa voz de choro...
Pequenino, acorda!

Por que estacam todos dessa cova à beira?
Que é que diz o padre numa língua estranha?
Por que assim te entregas a essa mão grosseira
Que te agarra e leva para a cova funda?

Por que assim cada homem um punhado apanha
De caliça e espalha-a, debruçado à beira
Dessa cova funda?

Vais ficar sozinho no caixão fechado...
Não será bastante para que te guarde?
Para que essa terra que jazia ao lado
Pouco a pouco rola, vai desmoronando?
Pequenino, acorda! — Pequenino!... É tarde!...
Sobre ti cai todo esse montão que ao lado
Vai desmoronando...

Eis fechada a cova. Lá ficaste... A enorme
Noite sem aurora todo amortalhou-te.
Nem caminho deixam para quem lá dorme,
Para quem lá fica e que não volta nunca...
Tão sozinho sempre por tamanha noite!...
Pequenino, dorme! Pequenino dorme...
Nem acordes nunca!

In Poemas e canções, 1908

VELHO TEMA

I

Só a leve esperança em toda a vida
Disfarça a pena de viver, mais nada;
Nem é mais a existência, resumida,
Que uma grande esperança malograda.

O eterno sonho da alma desterrada,
Sonho que a traz ansiosa e embevecida,
É uma hora feliz, sempre adiada
E que não chega nunca em toda a vida.

Essa felicidade que supomos,

Árvore milagrosa que sonhamos
Toda arreada de dourados pomos,

Existe, sim: mas nós não a alcançamos
Porque está sempre apenas onde a pomos
E nunca a pomos onde nós estamos

II

Eu cantarei de amor tão fortemente
Com tal celeuma e com tamanhos brados
Que afinal teus ouvidos, dominados,
Hão de à força escutar quanto eu sustente.

Quero que meu amor se te apresente
— Não andrajoso e mendigando agrados,
Mas tal como é: — risonho e sem cuidados,
Muito de altivo, um tanto de insolente.

Nem ele mais a desejar se atreve
Do que merece; eu te amo, e o meu desejo
Apenas cobra um bem que se me deve.

Clamo, e não gemo; avanço, e não rastejo;
E vou de olhos enxutos e alma leve
À galharda conquista do teu beijo.

III

Belas, airosas, pálidas, altivas,
Como tu mesma, outras mulheres vejo:
São rainhas, e segue-as num cortejo
Extensa multidão de almas cativas.

Tem a alvura do mármore; lascivas
Formas; os lábios feitos para o beijo;
E indiferente e desdenhoso as vejo
Belas, airosas, pálidas, altivas...

Por quê? Porque lhes falta a todas elas,
Mesmo às que são mais puras e mais belas,
Um detalhe sutil, um quase nada:

Falta-lhes a paixão que em mim te exalta,
E entre os encantos de que brilham, falta
O vago encanto da mulher amada.

IV

Eu não espero o bem que mais desejo:
Sou condenado, e disso convencido;
Vossas palavras, com que sou punido,
São penas e verdades que sobejo.

O que dizeis é mal muito sabido,
Pois nem se esconde nem procura ensejo,
E anda à vista naquilo que mais vejo:
Em vosso olhar, severo ou distraído.

Tudo quanto afirmais eu mesmo alego:
Ao meu amor desamparado e triste
Toda a esperança de alcançar-vos nego.

Digo-lhe quanto sei, mas ele insiste;
Conto-lhe o mal que vejo, e ele, que é cego,
Põe-se a sonhar o bem que não existe.

V

"Alma serena e casta, que eu persigo
Com o meu sonho de amor e de pecado,
Abençoado seja, abençoado
O rigor que te salva e é meu castigo.

Assim desvies sempre do meu lado
Os teus olhos; nem ouças o que eu digo;
E assim possa morrer, morrer comigo

Esse amor criminoso e condenado.

Sê sempre pura! Eu com denodo enjeito
Uma ventura obtida com teu dano,
Bem meu que de teus males fosse feito".

Assim penso, assim quero, assim me engano
Como se não sentisse que em meu peito
Pulsa o covarde coração humano

In Poemas e canções, 1908

ROSA, ROSA DE AMOR I

"Rosa, rosa de amor purpúrea e bela,
Quem dentre os goivos te esfolhou da campa?
GARRET."[1]

In Rosa, rosa de amor..., 1902

OLHOS VERDES

Olhos encantados, olhos cor do mar,
Olhos pensativos que fazeis sonhar!

Que formosas coisas, quantas maravilhas
Em vos vendo sonho, em vos fitando vejo;
Cortes pitorescos de afastadas ilhas
Abanando no ar seus coqueirais em flor,
Solidões tranquilas feitas para o beijo,
Ninhos verdejantes feitos para o amor...

Olhos pensativos que falais de amor!

Vem caindo a noite, vai subindo a lua...
O horizonte, como para recebê-las,
De uma fímbria de ouro todo se debrua;

Afla a brisa, cheia de ternura ousada,
Esfrolando as ondas, provocando nelas
Bruscos arrepios de mulher beijada...

Olhos tentadores da mulher amada!

Uma vela branca, toda alvor, se afasta
Balançando na onda, palpitando ao vento;
Ei-la que mergulha pela noite vasta,
Pela vasta noite feita de luar;
Ei-la que mergulha pelo firmamento
Desdobrado ao longe nos confins do mar...

Olhos cismadores que fazeis cismar!

Branca vela errante, branca vela errante,
Como a noite é clara! como o céu é lindo!
Leva-me contigo pelo mar... Adiante!
Leva-me contigo até mais longe, a essa
Fímbria do horizonte onde te vais sumindo
E onde acaba o mar e de onde o céu começa...

Olhos abençoados cheios de promessa!

Olhos pensativos que fazeis sonhar,
Olhos cor do mar!

In Rosa, rosa de amor..., 1902

FUGINDO AO CATIVEIRO

Horas mortas. Inverno. Em plena mata.
Em plena Serra do Mar.

Em cima, ao longe, alta e serena,
A ampla curva do céu das noites de geada:
Como a palpitação vagamente azulada
De uma poeira de estrelas...

Negra, imensa, disforme,
Enegrecendo a noite, a desdobrar-se pelas
Amplidões do horizonte, a cordilheira dorme.

Como um sonho febril no seu sono ofegante,
Na sombra em confusão do mato farfalhante,
Tumultuando, o chão corre às soltas, sem rumo;
Trepa agora alcantis por escarpas a prumo,
Eriça-se em calhaus, bruscos como arrepios;
Mais repousado, além levemente se enruga
Na crespa ondulação de cômoros macios:
Resvala num declive; e logo, como em fuga
Precípite, através da escuridão noturna,
Despenha-se de chôfre ao vácuo de uma furna.

Do fundo dos grotões outra vez se subleva,
Surge, recai, ressurge... E, assim, como em torrente
Furiosa, em convulsões, vai rolando na treva
Despedaçadamente e indefinidamente...

Muge na sombra a voz rouca das cachoeiras.

Rajadas sorrateiras
De um vento preguiçoso arfam de quando em quando
Como um vasto motim que passa sussurrando:
E em cada árvore altiva, e em cada humilde arbusto,
Há contorções de raiva ou frêmitos de susto.

A mata é tropical: basta, quase maciça
De tão cerrada. Ao pé do tronco dominante,
Que, imperturbavelmente imóvel, inteiriça
Sob a rija galhada o torso de gigante.
– Uma vegetação turbulenta e bravia
Rasteja, alastra, fura, enrosca-se, porfia:
Moitas de craguatás agressivos; rasteiras
Trapoeirabas tramando o chão todo; touceiras
De brejaúva,em riste as flechas oriçadas

De espinhos; e por tudo, e em tudo emaranhadas,
As trepadeiras, em redouças balouçando
Hastes vergadas, galho a galho acorrentando
Árvores, afogando arbustos, brutalmente
Enlaçando à jissara o talhe adolescente...
Cem espécies formando a trama de uma sebe,
Atulhando o desvão de dois troncos; a plebe
Da floresta, oprimida e em perpétuo levante.

Acesa num furor de seiva transbordante,
Toda essa multidão desgrenhada – fundida
Como a conflagração de cem tribos selvagens
Em batalha – a agitar cem formas de folhagens
Disputa-se o ar, o chão, o orvalho, o espaço, a vida.

Na confusão da noite, a confusão do mato
Gera alucinações de um pavor insensato,
Aguça o ouvido ansioso e a visão quase extinta:
Lembra – e talvez abafe – urros de onça faminta
A mal ouvida voz da trêmula cascata
Que salta e foge e vai rolando águas de prata.
Rugem sinistramente as moitas sussurrantes.
Acoitam-se traições de abismo numa alfombra.
Penedos traçam no ar figuras de gigantes.
Cada ruído ameaça, e cada vulto assombra.

Uns tardos caminhantes
Sinistros, meio nus, esboçados na sombra,
Passam, como visões vagas de um pesadelo...

São cativos fugindo ao cativeiro. O bando
É numeroso. Vêm de longe, no atropelo
Da fuga perseguida e cansada. Hesitando,
Em recuos de susto e avançadas afoitas,
Rompendo o mato e a noite, investindo as ladeiras,
Improvisam o rumo ao acaso das moitas.

Vão arrastando os pés chaga dos de frieiras...
De furna em furna a Serra, imensa, se desdobra,
De sombra em sombra a noite, infinda, se prolonga;
E flexuosa, em vaivéns, como de dobra em dobra,
A longa fila ondula e serpenteia, e a longa
Marcha através da noite e das furnas avança...

Vão andrajosos, vão famintos, vão morrendo.
Incita-os o terror, alenta-os a esperança:
Fica-lhes para trás, para longe, o tremendo
Cativeiro... E através desses grotões por onde
Se arrastam, do sertão que os esmaga e os esconde.
Da vasta escuridão que os cega e que os ampara,
Do mato que obsta e apaga os seus passos furtivos,
Seguem, almas de hebreus, rumo do Jabaquara
– A Canaã dos cativos.

Vão calados, poupando o fôlego. De quando
Em quando – fio d'água humilde murmurando
As tristezas de um lago imenso – algum gemido,
Um grito de mulher, um choro de criança,
Conta uma nova dor em peito já dorido,
Um bruxoleio mais mortiço da esperança,
A rajada mais fria arrepiando a floresta
E a pele nua; o espinho entrando a carne; a aresta
De um seixo apunhalando o pé já todo em sangue:
Uma exacerbação nova da fome velha,

A tortura da marcha imposta ao corpo exangue;
O joelho exausto que, contra a vontade, ajoelha...

E a longa fila segue: a passo, vagarosa,
Galga de fraga em fraga a montanha fragosa,
Bem mais fragosa, bem mais alta que o Calvário...
Um, tropeçando, arrima o pai octogenário:
Os mais valentes dão apoio aos mais franzinos;

E Mães, a agonizar de fome e de cansaço,
Levam com o coração mais do que com o braço
Os filhos pequeninos.

II

Ei-lo, por fim, o termo desejado
Da subida: a montanha avulta e cresce
De um vale escuro ao céu todo estrelado;
E o seu cume de súbito aparece
De um resplendor de estrelas aureolado.

Mas ai! Tão longe ainda! ...E de permeio
A vastidão da sombra sem caminhos,
Um fundo vale, tenebroso e feio,
E o mato, o mato das barrocas, cheio
De fantasmas, de estrépitos, de espinhos.

Tão longe ainda! ...E os peitos arquejantes,
E as fôrças e a coragem sucumbindo...
Estacando, aterrados, por instantes
Pensam que a morte hão de encontrar bem antes
Do termo desse itinerário infindo...

Tiritando, a chorar, uma criança
Diz com voz débil: "Mãe, faz tanto frio!..."
E a mãe os olhos desvairados lança
Em torno, e vê apenas o sombrio
Manto de folhas que o tufão balança...

"Mãe, tenho fome!" a criancinha geme,
E ela, dos trapos arrancando o seio,
Põe-lho na boca ansiosa, aperta e espreme...
Árido e seco!...E do caminho em meio
Ela, aterrada e muda, estaca e treme.

Vai-lhe morrer, morrer nos próprios braços,
Morrer de fome, o filho bem-querido;

E ela, arrastando para longe os passos,
O amado corpo deixará, perdido
Para os seus beijos, para os seus abraços...

Esse cadáver pequenino, e o riso
Murcho no lábio, e os olhos apagados,
Toda essa vida morta de improviso,
Hão de ficar no chão, abandonados
À inclemência dos sóis e do granizo;

Esse entezinho débil e medroso,
Que ao mais leve rumor se assusta e busca
O asilo do seu seio carinhoso,
Há de ficar sozinho; e, em tôrno, a brusca
Voz do vento ululante e cavernoso...

E, em tôrno, a vasta noite solitária
Cheia de sombra, cheia de pavores,
Onde passa a visão errante e vária
Dos lobisomens ameaçadores
Em desfilada solta e tumultuária...

Desde a cabeça aos pés, tôda estremece;
Falta-lhe a fôrça, a vista se lhe turva,
Tôda a coragem na alma lhe esmorece,
E, afastando-se, ao longe, numa curva
O bando esgueira-se, e desaparece...

Ficam sós, ela e o filho, agonizando,
Ele a morrer de fome, ela de medo.
Ulula o furacão de quando em quando,
E sacudindo os ramos e o folhedo
Movem-se as árvores gesticulando.

Ela ergue os olhos para o céu distante
E pede ao céu que descortine a aurora:
Dorme embuçado em sombras o levante,

Mal bruxuleia pela noite fora
Das estrelas o brilho palpitante...

Tenta erguer-se, e recaí; soluça e brada,
E apenas o eco lhe responde ao grito;
Os olhos fecha para não ver nada,
E tudo vê com o coração aflito,
E tudo vê com a alma alucinada.

Dentro se lhe revolta a carne; explode
O instinto bruto, e quebra-lhe a vontade:
Mães, vosso grande amor, que tanto pode,
Pode menos que a indômita ansiedade
Em que o terror os músculos sacode!

Ela, apertando o filho estreitamente,
Beija-lhe os olhos úmidos, a boca...
E desvairada, em pranto, ébria e tremente,
Arrancando-o do seio, de repente
Larga-o no chão e foge como louca.

III

Aponta a madrugada:
Da turva noite esgarça o úmido véu,
E espraia-se risonha, alvoroçada,
Rosando os morros e dourando o céu.

A caravana trôpega e ansiosa
Chega ao tope da Serra...
O olhar dos fugitivos
Descansa enfim na terra milagrosa
Na abençoada terra
Onde não há cativos.

Em baixo da montanha, logo adiante,
Quase a seus pés, uma planície imensa,
Clara, risonha, aberta, verdejante:

E ao fundo do horizonte, ao fim da extensa
Macia várzea que se lhes depara
Ali, próxima, em frente,
Esfumadas na luz do sol nascente,
As colinas azuis do Jabaquara...

O dia de ser livre, tão sonhado
Lá do fundo do escuro cativeiro,
Amanhece por fim, leve e dourado,
Enchendo o céu inteiro.

Uma explosão de júbilo rebenta
Desses peitos que arquejam, dessas bocas
Famintas, dessa turba macilenta:

Um borborinho de palavras loucas,
De frases soltas que ninguém escuta
Na vasta solidão se ergue e se espalha,
E em pleno seio da floresta bruta
Canta vitória a meio da batalha.

Seguindo a turba gárrula e travessa
Que se alvoroça e canta e salta e ri-se,
Um coitado, com a trêmula cabeça
Toda a alvejar das neves da velhice,
Tardo, trôpego, só, desamparado,
Chega afinal, exsurge à superfície
Do alto cimo; repousa, consolado,
Longamente, nos longes da planície
O olhar quase apagado;
Distingue-a mal, duvida; resmungando,
Fita-a; compreende-a pouco a pouco; vê-a
Anunciando próxima, esboçando
– No chão que brilha de um fulgor de areia,
Num verde-claro de ervaçal que ondeia-
A aparição da Terra Prometida...

Todo trêmulo, ajoelha; e ajoelhado,
De mãos postas, nos olhos a alma e a vida,
Ele, o mesquinho e o bem-aventurado,
Adora o Céu nessa visão terrena...

E de mãos postas sempre, extasiado,
Murmura, reza esta oração serena
Como um tôsco resumo do Evangelho:

"Foi Deus Nosso Senhor que teve pena
De um pobre negro velho..."

Seguem. Começa a íngreme descida.
Descem. E recomeça
A peregrinação entontecida
No labirinto da floresta espêssa.
Sob o orvalho das fôlhas gotejantes,
Entre as moitas cerradas de espinheiros,
Andrajosos, famintos, triunfantes,
Descem barrancos e despenhadeiros.

Descem rindo, a cantar... Seguem, felizes,
Sem reparar que os pés lhes vão sangrando
Pelos espinhos e pelas raízes;
Sem reparar que atrás, pelo caminho
Por onde fogem como alegre bando
De passarinhos da gaiola escapo
- Fica um pouco de trapo em cada espinho
E uma gôta de sangue em cada trapo.

Descem rindo e cantando, em vozeria
E em confusão. Tôda a floresta, cheia
Do murmúrio das fontes, da alegria
Deles, da voz dos pássaros, gorjeia.
Tudo é festa. Severos e calados,
Os velhos troncos, plácidos ermitas,
Os próprios troncos velhos, remoçados,
Riem no riso em flor das parasitas.

Varando acaso às árvores a sombra
Da folhagem que à brisa arfa e revoa,
Na verde ondulação da úmida alfombra
O ouro leve do sol bubuia à toa;
A água das cachoeiras, clara e pura,
Salta de pedra em pedra, aos solavancos;
E a flor de S. João se dependura
Festivamente à beira dos barrancos...

Vão alegres, ruidosos... Mas no meio
Dessa alegria palpitante e louca,
Que transborda do seio
E transbordada canta e ri na bôca,
Uma mulher, absorta, acabrunhada,
Segue parando a cada passo, e a cada
Instante os olhos para trás volvendo:
De além, do fundo dessas selvas brutas
Chama-a, seu nome em lágrimas gemendo,
Uma vozinha ansiosa e suplicante...

Mãe, onde geme que tão bem o escutas
Teu filho agonizante?

IV

De repente, como um agouro e uma ameaça,
Um alarido de vozes estranhas passa
Na rajada do vento...

Estacam.

Como um bando
De ariscos caitetus farejando a matilha,
Imóveis, alongado o pescoço, arquejando,
Presa a respiração, o olhar em fogo, em rilha
Os dentes, dilatada a narina, cheirando
A aragem, escutando o silêncio, espreitando

A solidão; assim, num alarma instintivo,
Estaca e põe-se alerta o bando fugitivo.
Nova rajada vem, nôvo alarido passa...

Como, topando o rastro inda fresco da caça,
Uiva a matilha enquanto inquire o chão agreste,
E de repente, em fúria, alvoçada investe
E vai correndo e vai latindo de mistura;
Rosna ao dar-lhes na pista a escolta que os procura,
E morro abaixo vem ladrando-lhes no encalço.

Grita e avança em triunfo a soldadesca ufana.

E os frangalhos ao vento, em sangue o pé descalço,
Alcatéia usurpando a forma e a face humana,
Almas em desespero arfando em corpos gastos,
Mães aflitas levando os filhinhos de rastos,
Homens com o duro rosto em lágrimas, velhinhos
Esfarrapando as mãos a tatear nos espinhos;
Tôda essa aluvião de caça perseguida
Por um clamor de fúria e um tropel de batida,
Foge... Rompendo o mato e rolando a montanha,
Foge... E, moitas, a dentro e barrocais a fora,
Arrasta-se, tropeça, esbarra, se emaranha,
Arqueja, hesita, afrouxa, e desanima, e chora...

Param.

Perto, bramindo, a escolta o passo estuga.

Os fugitivos, nesse aproximar da escolta
Sentem que vai chegando o epílogo da fuga:
A gargalheira, a algema, as angústias da volta...

Além, fulge na luz da manhã leve e clara,
O contôrno ondulante e azul do Jabaquara.
Adeus, terra bendita! Adeus, sonho apagado
De ser livre! É preciso acordar, e acordado

Ver-te ainda, e dizer-te um adeus derradeiro,
E voltar, para longe e para o cativeiro.

Sôbre eles, novamente, uma funéria noite
Cai, para sempre...

Como a trôpega boiada,
Que, abrasada de sede e tangida do açoite,
Se arrasta pela areia adusta de uma estrada:
Volverão a arrastar-se, humildes e tristonhos,
Tangidos do azorrague e abrasados de sonhos,
Pelo deserto areal desse caminho estreito:
A vida partilhada entre a senzala e o eito...

Agrupam-se, vencidos,
A tremer, escutando o tropel e os rugidos
Da escolta cada vez mais em fúria e mais perto.
Nesse magote vil de negros maltrapilhos
Mais de um olhar, fitando o vasto céu deserto,
Ingenuamente exprobra o Pai que enjeita os filhos...

Destaca-se do grupo um fugitivo. Lança
Em tôrno um longo olhar tranqüilo, de esperança,
E diz aos companheiros:

"Fugi, correi, saltai pelos despenhadeiros;
A várzea está lá em baixo, o Jabaquara é perto...
Deixai-me aqui sozinho.
Eu vou morrer, decerto...
Vou morrer combatendo e trancando o caminho.

A morte assim me agrada:
Eu tinha de voltar p´ra conservar-me vivo...
E é melhor acabar na ponta de uma espada
Do que viver cativo".

E enquanto a caravana
Desanda pelo morro atropeladamente,

Ele, torvo, figura humilde e soberana,
Fica, e a pé firme espera o inimigo iminente.

Hércules negro! Corre, abrasa-lhe nas veias
Sangue de algum heróico africano selvagem,
Acostumado à guerra, a devastar aldeias,
A cantar e a sorrir no meio da carnagem
A desprezar a morte espalhando-a às mãos cheias...

Não pode a escravidão domar-lhe a índole forte,
E vergar-lhe a altivez, e ajoelhá-lo diante
Do carrasco e da algema:
Sorri para o suplício e a fito encara a morte
Sem que lhe o braço trema,
Sem que lhe ensombre o olhar o medo suplicante.

Erguendo o braço, ele ergue a foice: a foice volta,
E rola sobre a terra uma cabeça solta.
Sobre ele vem cruzar-se o gume das espadas...
"Ah, prendê-lo, jamais!" respondem as foiçadas
Turbilhonando no ar, e ferindo, e matando.

De lado a lado o sangue espirra a jorros... Ele,
Ágil, possante, ousado, heróico, formidando,
Faz frente: um contra dez, defende-se e repele.
E não se entrega, e não recua, e não fraqueja.
Tudo nele, alma e corpo ajustados, peleja:
O braço luta, o olhar ameaça e desafia,
A coragem resiste, a agilidade vence.

E, coriscando no ar, a foice rodopia.

Afinal um soldado, ébrio de covardia,
Recua; vai fugir... Recua mais; detém-se:
Fora da luta, sente o gosto da chacina;
E vagarosamente alçando a carabina,
Visa, desfecha.

O negro abrira um passo à frente,
Erguera a foice, armava um golpe...

De repente
Estremece-lhe todo o corpo fulminado.

Cai-lhe das mãos a foice, inerte, para um lado,
Pende-lhe, inerte, o braço. Impotente, indefeso
Ilumina-lhe ainda a face decomposta
Um derradeiro olhar de afronta e de desprezo.

Como enxame em furor de vespas assanhadas,
Assanham-se-lhe em cima os golpes sem resposta,
E retalham-no à solta os gumes das espadas...

E retalhado, exausto, o lutador vencido
Todo flameja em sangue e expira num rugido.

In Poemas e canções, 1908

VICENTE DE CARVALHO

(DA ACADEMIA BRAZILEIRA)

PAJINAS SOLTAS

VOLUME I

SUMMARIO: I — Uma candidatura. II — Em roda do fogo. III — Jezus. IV — Eterno problema. V — Crianças... VI — Um poeta. VII — Estremos. VIII — Crónicas *(Finados. — Carta ao bispo. — O ex-imperador. — O Carnaval. — Revolucionarios. — Euclydes da Cunha. — A Historia em frazes curtas. — Richet, poeta)*. IX — Selvajem. X — Julio Ribeiro e o padre Senna Freitas. XI — Um ano depois *(1890)*. XII — Braz Cubas. — XIII — Poetas paulistas. XIV — Os humildes. XV — Duas soluçõis *(a queima do café e a valorização)*.

S. PAULO
TYPOGRAPHIA BRAZIL DE ROTHSCHILD & Co.
Rua 15 de Novembro N. 30-A
1911

Fac-símile "I. Uma candidatura", *in Pajinas soltas*. São Paulo: Typographia Brazil de Rothschild & Co., 1911

BREVE ESPLICAÇÃO

Remendado com escritos de varias datas e diferentes generos, este volume não é propriamente um livro; com alguma dóze, ainda que diminuta, de má vontade poderia ser definido — uma colcha de retalhos. Impoz-lhe esse carater o movel ocazional da sua publicação. E' o cazo que me aprezentei candidato a uma cadeira vaga na Academia Paulista de Letras; e procurei justificar esse ato de audacia — ou de fraqueza — alegando a qualidade de poeta com idade e mais requizitos de apozentadoria. Parece, entretanto, que ha dificuldades para a minha eleição. Aqui ha tempos, uma voz, saída do seio da Academia para a imprensa, declarou desdenhozamente que aquele ilustre gremio não é, e não quer ser um Parnazo. Opinava Platão que os poetas fossem coroados de rozas — e espulsos da republica... De alguns academicos paulistas, não sei si levarão o platonismo literario até a condecendencia de admitir que sejam os poetas coroados de rozas; ou si, da sentença do filózofo, apenas subscrevem a metade consagrada á carrancuda severidade da justiça. Seja como fôr, deliberei alegar e provar, no interesse da minha candidatura mal parada, que, em materia de letras, não tenho cultivado só o vicio, realmente escandalozo, do Verso, mas dei-me tambem, com afinco, á virtude austéra da Proza.

Sim, escrevo tambem em proza, mal, porém ha muito tempo: é o que aqui se demonstra com documentos autenticos, alguns deles antigos de mais de vinte anos. Neste livro de amostras pretendi colecionar especimens dos diversos generos em que tenho divagado, sobretudo no jornalismo, onde, hospede geralmente raro, fui algumas vezes comensal assiduo. Tal orientação esplica a falta de homojeneidade do prezente volume, onde *hurlent de se trouver ensemble*, desde as leves fantazias em que as idéas esvoaçam com azas de borboleta, até os assuntos economicos, nos quais os argumentos procuram pezar com o lastro de algarismos. Ainda assim, a variedade saíu bem menor do que imajinava a minha intenção e permitia a abundancia de material. Este não pôde ser aproveitado todo, mesmo para o só efeito de documentar por alguns ezemplares o meu perseverante e mal sucedido esforço na cultura de varias especies literarias. Bastantes anos de advocacia e alguns de judicatura proporcionaram-me ocaziões de me deter no estudo de problemas juridicos; aconteceu-me tambem, e com frequencia, em recontros politicos ou literarios, entreter polemicas rizonhas; e ainda, em horas de bom humor dezocupado, votei-me ao humorismo, ao simples humorismo que, sem intenção de filozofia ou de malicia, não pretende sinão ser inofensivamente alegre. Nenhum desses generos figura, por um especimen ao menos, no livro que o leitor tem sob os olhos; e não de deliberada vontade minha, mas de circumstancia a ela alheia, rezultou a falta:

Para reunir estas *Pajinas soltas,* procurando os orijinais, dispersos em periodicos ou esquecidos em gavetas; escolhendo-os; copiando-os; dando-lhes ordem; fornecendo-os á tipografia e revendo as próvas, dispuz apenas de umas férias de dezoito dias, curtas treguas na luta pela vida em que me acho empenhado por obrigações profissionais ezijentissimas. Urjia a publicação do livro, inspirado na ambição, que me assanha, de o fazer cabalar por mim na eleição academica proxima de desfecho. Si eu dispunha de brevissimo prazo para organizar a obra, de poucos dias mais dispunha a tipografia para imprimil-a. Tive, em consequencia, de ir dia a dia entregando a materia para a compozição tipografica; e já o volume estava com as dimensões possiveis quando se apurou que não sobrava logar para copiozo material colijido e destinado a ser incluido. Ficaram de fóra diversas amostras, que só poderão entrar num segundo, ou num terceiro volume; os quais prometo para o primeiro vagar, e levarão melhor ordem quanto á distribuição das materias. Não podendo, por tardios, influir na eleição academica, muito proxima, servirão ao menos para acabrunhar a Academia sob um justo remorso, cazo ela repila do seu seio, como de um seio de madrasta, o autor de tão variegadas letras, todas elas de fôrma. Não creio que isso venha a dar-se: a maioria dos academicos, acatando a responsabilidade inteletual e moral que os seus nomes arrastam, não recuzará provavelmente o concurso de boa e leal camaradajem que com a minha candidatura lhes ofereço.

Estou tão acostumado, tão mal acostumado, á benevolencia da critica, que o prezente livro em dezordem afronta, e á simpatia do publico, a que se destina a edição, — que não hezito em contar com a boa vontade de uma e de outro nesta emerjencia em que só me servirá de desculpa ter procurado sair, como pude, de uns apuros eleitorais [1]... E' possivel que os leitores encontrem na variedade dos escritos aqui enfeixados alguns que lhes não dezagradem; si assim acontecer, estará bem pago o que esses escritos custaram, a mim, para os escrever, aos leitores, para os lerem. Nem se deve em tais cazos de letras contar com outro proveito.

Quanto aos academicos cujo voto disputo e m'o caínham, si me fizerem a honra de folhear estas pajinas soltas, acreditarão, de certo, sobre o testemunho delas, que eu sou, ha bastantes anos, um fraquissimo porém dedicado cultor da proza em relaçõis com o publico; e que, tanto por defeito de nacença como por efeito de cultura, sou, de corpo, de alma, de pena e de tinta, um paulista apaixonadamente amorozo de sua terra e de sua gente. Isso talvez os induza a refletir que, em meio literario tão limitado como o nosso é, constituem um duplo direito, bastante consideravel para que possa ser lejitimamente ezercido por numero muito estenso de pessoas, estas duas couzas reunidas: figurar numa Academia Paulista de Letras — e escluir-me dela.

S. Paulo, 30 de Junho de 1911.

V. C.

---

(1) Da pressa na publicação deste livro rezultou avultarem nele os erros de revizão, especialmente numerozos quanto á ortografia. Nos orijinais foi observada a da Academia Brazileira, varias vezes alterada, sempre por engano, na compozição tipografica. Entre os erros de outra natureza, mais sensiveis, foram encontrados os seguintes: A' paj. 8: *fazendo-os calar: a Academia* **os** *inimigos que por isso a incrépam; eu, aos amigos que de* **tal modo** *me acuzam.* No orijinal estava: *fazendo-os calar: a Academia,* **aos** *inimigos que por isso a incrépam; eu, aos amigos que de* **tal** *me acuzam.* — A' paj. 22: *copo de boca em boca* por: **o** *copo de boca em boca.* A' paj. 91: *prossiçõis* por *procissõis.* A' paj. 95: *e qusi as formigas* por: *que si as formigas.* A' paj. 101: *Santos — 1903* por *Santos — 1905.* A' paj. 104: *Carlysle* por *Carlyle.* Etc. Etc.

UMA CANDIDATURA

Sou candidato á cadeira da Academia Paulista de Letras, vaga pela morte do dr. Rafael Corrêa da Silva. Inscrevi-me, para esse efeito, não de surpreza, mas dous largos mezes antes do encerramento da respetiva inscrição. A noticia da minha candidatura terá cauzado estranheza, e demanda esplicação, que procurarei dar com toda a lizura.

Contrario, por principio, á idéa das Academias rejionais, — sobretudo porque não temos dialetos ou literaturas rejionais que elas reprezentem — bati-me, pela imprensa, contra a criação da Academia Paulista. Si a ezistencia dessa instituição tivesse dependido, ou dependesse do meu voto, ela não ezistiria. Mas a idéa de uma Academia Paulista vingou; a Academia eziste; a propria eleição a que concorro mostra que ela vive, e quer viver. Mau grado as minhas opiniõis, tenho de aceital-a como um fato consumado.

Não me cabendo responsabilidade na sua ezistencia, eu poderia conservar-me alheio á Academia Paulista: o mundo das letras é largo bastante para que nele coubessemos, ela e eu, sem nos incomodarmos. Ser-me-ia até facil disfarçar com o pretesto da coerencia o meu afastamento. A verdade, porém, é que o argumento da coerencia seria um sofisma, e que a minha atitude de abstenção teria alguma couza de acintozamente agressiva.

Sou um escritor genuinamente paulista; aqui naci, aqui tenho vivido sempre, aqui foi produzida até hoje, e, segundo as probabilidades, o será sempre, toda a minha obra literaria. Cultivo as letras com assiduo e não recatado amor, sem finjir que delas me dezinteresso como de couza secundaria. De todas as funções que tenho ezercido, e foram já bastantes, e algumas altamente honrozas, nenhuma sobrepuz ou sobreponho á de homem de letras. Só dessa fio a minha sobrevivencia espiritual, eu, pobre poeta desherdado da esperança numa outra vida, e que tem por suprema ambição do seu egoismo, não um grande logar na terra, mas um pequenino recanto na simpatia mais ou menos duradoura de algumas almas...

Si eu fosse um franco atirador fazendo literatura, livre de peias, por minha conta e risco, ser-me-ia licito manterme alheiado de todo á Academia Paulista, sem dar marjem a que se atribuisse ao meu afastamento uma significação determinada. As letras são um terreno aberto em que cada um póde cultivar o seu jardim, ou a sua horta, segundo o seu gosto e sem constranjimentos obrigatorios. Ninguem é forçado, pela circumstancia de que maneja uma pena, a pol-a em continencia diante das Academias, simbolos da Autoridade, de uma autoridade muito discutida, na Republica, ou, federativamente, nos Estados das letras.

O meu cazo, porém, não é o de um franco atirador: sou um soldado arrejimentado a quem a farda — uma farda bem vistoza por sinal! — impõi os deveres da disciplina. Aceitei, por um compromisso tacito, a autoridade das Academias, desde que disputei entrada numa delas. E a ecepcional generozidade com que essa me abriu os braços, e o patente carinho com que me acolheu em seu seio, colocam-me, com relação á joven Academia Paulista, numa dessas delicadas situações em que *noblesse oblige.*

Tendo eu, obscuro poeta provinciano, ido disputar tão longe e tão alto, com audacia qne o sucesso coroou, um logar na Academia Brazileira, chamada graciozamente e sem impropriedade — «o senado das letras nacionais» —, que significaria da minha parte, não pretender, em cazo por assim dizer domestico, um logar na Academia de minha terra?

Ninguem aceitaria, si eu a désse, a fingida desculpa da modestia. Si eu, que me abalancei a empreza bem mais ambicioza e dificil, me detivesse agora diante da porta aberta da Academia Paulista, dizendo: «*Non sum dignus*...» havia de parecer que a minha escuza continha sob a sua solenidade de latim canonico um fundo de grosseira ironia.

Tambem me não valeria o pretesto de indiferença pelos titulos academicos, a mim que ambicionei o da Academia Brazileira. Contentar-me com esse, que lá fóra fui disputar, quando aqui, no meio em que vivo, por assim dizer ao alcance de minha mão, outro eziste destinado a coroar, num circulo limitado de que faço parte, o esforço dos que escrevem com amor da espressão, fôra permitir que se tirasse da minha atitude uma concluzão dezagradavel. Partindo de uma certeza provada para uma hipoteze compativel com a lojica, concluiriam os maliciozos que eu, que não menosprézo os titulos academicos, faço individuada e ofensivamente alvo de meu desdem o titulo da Academia Paulista. Ora a ambição de riquezas, ainda quando ezajerada, e satisfeita, não impede que se aprecie e estime a prata de caza...

Bati-me com o vigor de que dispuz, contra a criação da Academia Paulista; e fui afinal vencido no terreno dos fatos. A Academia venceu-me, vivendo. Longe de mim perpetuar em hostilidade rancoroza uma divergencia intelectual que já nem tem razão de ser. A Academia, mau grado meu, eziste. Não guardo resentimento de cazo em que ela, rezistindo á minha opinião e ao meu esforço, ezerceu o mais inviolavel dos direitos, o direito á vida. Ser vencido tambem obriga. E' de coração á larga, rizonhamente, que eu agora, com a minha candidatura, ofereço á Academia um ramo de oliveira, da arvore amada de Minerva, a cuja sombra fecunda é tradição que florecem as letras...

Enterremos, e bem fundo, se assim o quizer a Academia, a acha da guerra. Não me considero humilhado ou diminuido por esta proposta de pazes. Não creio tambem que se humilhe a Academia, aceitando-a. Nem a Academia preciza de mim, nem eu precizo da Academia — é uma circumstancia feliz que nos põi á vontade. Quando combati a Academia, comecei reclamando energica e insistentemente contra o arbitrio com que ela me exilara das letras paulistas. Com a minha candidatura, mantenho-me no mesmo ponto de vista: desde que aqui eziste uma Academia, composta de quarenta escritores paulistas, cumpre-me disputar nela um logar, o ultimo.

Não se trata de amor proprio — sentimento que, aliaz, só é condenavel quando ezagera as suas proporçõis. Nem seria de estranhar que por amor proprio me empenhasse em ser incluido entre os quarenta escritores paulistas consagrados pela Academia, eu, cuja vida literaria, já distanciada do alvorecer, tem sido um esforço tenaz no sentido de merecer tal distinção. O meu curso de habilitação para esse bacharelato em letras dura ha trinta anos...

Mas não se trata de amor proprio repito — ou, se o quizerem, não se trata só de amor proprio. A honra que porventura me faça a Academia Paulista admitindo-me oficialmente no numero dos escriptores paulistas, e que receberei como um ato de justiça, pouco acrecentará, no terreno das minhas vaidades, á que recebi da Academia Brazileira, quando, e com fraternal alvoroço, me franqueou entrada no gremio oficial dos escritores nacionais. Outro porém, que não o das minhas vaidades pessoais, é o terreno em que coloco a questão, ou em que a questão se coloca diante de mim.

A Academia, a cujas portas bato com a minha candidatura, fez-se para consagração dos escritores paulistas. Deixando-me de fóra, ela, evidentemente, não me contesta a qualidade de paulista, materia de fato, insusceptivel de discussão e de duvida; o que parece, portanto, é desconhecer em mim as qualidades de escritor. Ora as insignias que me conferiu a Academia Brazileira obrigam-me a procurar manter com honra, em todas as situaçõis, mesmo as mais dificeis, e em toda a parte, até na terra em que naci, onde vivo, onde escrevo, a minha qualidade de escritor.

A minha candidatura é aventuroza; reconheço-o, mas nem por isso hezito em afrontar com ela os azares da sorte. Sei, de mim, que não guardo resentimento da Academia; ignoro, porém, quais os sentimentos da Academia para comigo. Ofereço-lhe, com a minha candidatura, ensejo de os manifestar, e de pôr á rixa que tivemos um remate espirituozo, digno de um debate, como esse, travado entre gente de espirito, ou que tem obrigação de o ser.

Não será, de certo, e antes de tudo, falta de espirito dar razão a quem a tem. Que pretendo eu com a minha candidatura? Que a Academia me conceda fóros de escritor paulista. Não me parece fóra da razão o que ambiciono, ou fóra de propózito que se me satisfaça essa ambição. Quem apenas reclama justiça não se humilha; mas será humilhante para quem a faz o fazel-a?

Si a Academia me tem na conta de inimigo, nem isso a dezobriga. A justiça que só se faz aos amigos não é justiça, é favor; e o favor, em materia como essa, de uma consagração só devida ao merito que fez perante o conceito publico as suas provas, tanto deprime a quem o recebe como a quem o concede. Ao contrario do que deve acontecer nos Templos, nas Academias só se póde entrar de cabeça erguida. Si eu reputasse como um favor o titulo que reclamo, fosse, indiferentemente, amigo ou inimigo da Academia, asseguro que não o pretenderia.

A minha candidatura é, a toda evidencia, mais significativa do que um amavel cartão de vizita. Si, apezar disso a Academia insistisse em considerar-me ainda como adversario merecedor da sua ira, poderia dar-me, com essa orientação vingativa, um castigo espirituozo — recrutando o inimigo para as suas fileiras, fazendo-me prizioneiro de guerra na cadeira vitalicia de que tão por minha vontade me abeiro...

Mas essa hipóteze é gratuita. A Academia não receberá como a inimigo quem bate á sua porta para oferecer-lhe uma proposta de reconciliação — de reconciliação que, sem ser de proveito para ninguem, póde ser honroza para todos. O odio, si não destôa tão feia palavra a propozito de couzas tão leves, está longe de ser planta precioza que se cultive com carinho...

Tem sido notado como uma esquizitice, que peza não sei si mais sobre mim ou sobre a Academia, o fato de ezistir uma Academia Paulista de Letras e não fazer eu parte dela. A estranheza se tem manifestado em letra de fôrma, de modo bastante publico para que eu a ela me possa referir em caracter de méra citação, sem que por isso a endósse. Tenham ou não razão os que consideram como uma anomalia esse fato, dá-se agora ocazião de taparmos a boca do mundo, fazendo-os calar: a Academia, os inimigos que por isso a increpam; eu, aos meus amigos que de tal modo me acuzam.

De minha parte, dezobrigo-me fazendo o que posso: aprezento-me como candidato. A uma vitoria? A uma derrota? Ignoro-o. Aprezento-me candidato a uma cadeira que está vaga — e que só poderei ocupar pelo concurso associado da minha iniciativa e do sufragio da Academia. Já agora, e para todo o sempre, si eu continuar fóra da Academia, quem o estranhar não poderá imputar-me qualquer parcela de culpa nessa auzencia.

Advogando ardoroza e estensamente, como venho fazendo nestas linhas, a minha candidatura, deixei assignalados os varios motivos, todos de natureza literaria, que me induziram a ser candidato; resta-me espôr os fundamentos com que espero ser eleito. Ezibirei os dois titulos com que conto captar os votos da Academia Paulista.

O primeiro deles é o titulo de membro da Academia Brazileira. E' verdade que esse não tem, no mundo dos negocios, valor intrinseco, como os chamados *titulos de bolsa;* nem, no mundo da nobiliarquia, o merito de ser fruto de uma arvore jenealojica com raizes nas Cruzadas... Mas no mundo das letras, e no das letras academicas, principalmente, não se lhe póde negar cotação.

E' quazi certo que os que com os seus votos me receberam na Academia Brazileira não m'os negariam para que eu entrasse na Academia Paulista — si nesta fossem eleitores. Não ha razão nenhuma para que se louvem na opinião daqueles outros os academicos paulistas; a Academia Paulista é autonoma, e dispõi como entende dos seus votos e das suas poltronas. Como, porém, entre os que em mim votaram, figuram muitos dos maiores nomes literarios do Brazil, louvo-me eu neles para incutir animo ás minhas esperanças, e justificar a ouzadia da minha ambição.

Ajustaram-se o capricho dos deuzes e a boa vontade dos homens para fazer com que eu pudesse ostentar, em ocazião de tanta oportunidade, como esta, o titulo de membro da Academia Brazileira. Muitos outros, no seio da Academia Paulista, o mereciam e merecem mais do que eu:

desvanece-me poder lembrar que isto mesmo escrevi, não quando lhes disputava os votos, como agora, e sim quando me achava empenhado em combater com veemencia a corporação de que eles são e eram ornamento. Seja como fôr, bem ou mal, possuo esse titulo, que conquistei licitamente, e que a Academia Paulista não póde deixar de tomar em alguma consideração. Porque, si em nenhuma o tivesse, em que conta poderia a Academia Paulista pretender que fossem tidos os que ela propria se destina a conferir?

O meu segundo titulo é de natureza mais intima; valeria, si outro merecimento não tivesse, pela antiguidade. Não me acoimem de vaidozo porque dele me socorro. Tenho necessidade de não ser modesto quando me empenho, como aqui faço, por alcançar o reconhecimento de um direito que suponho assistir-me, e não por obter um favor de que, a falar verdade, não precizo para qualquer fim pessoal. E depois, a minha vaidade merece perdão como sendo um produto da benevolencia alheia. No seio da propria Academia Paulista figuram muitos dos culpadissimos na culpa desse defeito meu...

Carlos Ferreira, o velho poeta que envelheceu gloriozamente fazendo versos, é, talvez, d'entre os nomes literarios da Academia Paulista, o mais venerando. Em 1885 — como as couzas a que se refere essa lonjinqua data recendem a outro seculo! — em 1885, eu enfeixara em volume, sob o titulo de «Ardentias», um punhado de rimas escritas e publicadas com a descuidoza confiança da adolecencia. Por esse tempo um jornal carioca, nem me lembra qual, poz em votação publica o seguinte: qual o maior poeta do Brazil? Recordo-me apenas de que essa urna eleitoral improvizada teve razão, fazendo realçar em triunfo o grande nome de Gonçalves Dias.

Carlos Ferreira tratou das «Ardentias» em longo artigo,

na *Gazeta de Campinas*, de que era diretor. Nesse artigo, que datou de 26 de maio de 1885, e firmou com seu nome, então em pleno fulgor, de poeta, de dramaturgo, de jornalista, escreveu ele:

> «Não sabemos quantos votos este escriptor já obteve na eleição a que se está procedendo no Rio para saber-se qual é o primeiro poeta do Brasil; mas si ainda não teve a gloria de contar um só, não se moleste com isso, porque nem assim deixará de ser um dos mais estimaveis talentos brasileiros».

Não dêmos ás frazes que aí deixei transcritas porporções maiores do que as que elas têm, como ezagero de benevolencia, desculpavel num poeta familiarizado com o uzo das hiperboles... Asseguram-me até, couza que eu, aliaz, ponho em justa duvida, que Carlos Ferreira não me honrará agora com o seu voto na eleição que disputo. Mas espero que se louvem naquele testemunho do seu venerando colega os demais academicos paulistas, sobre tudo os que, e creio que são a grande maioria, naceram para as letras, ou para as letras paulistas, muito depois de 1885...

Limada do que escreveu o poeta toda a esterioridade hiperbolica, ainda ali ficará uma pequenina substancia bastante para garantir que ele, em 1885, me julgaria digno de ser votado... Para que? Para primeiro poeta do Brazil? Para figurar entre os mais estimaveis talentos brazileiros? Não, e nem se trata disso, nem de couza que com isso se pareça; para colocação bem mais modesta: para o ultimo lugar entre os quarenta escritores paulistas a quem a Academia concede o direito de uzar esse titulo honorifico... Pois no conceito da Academia Paulista terei decaido tanto, da adolecencia para a idade madura, das «Ardentias» até aos «Poemas e Canções», a ponto de não merecer agora, ao menos em respeito ao passado, uma distinção literaria que, segundo o testemunho academico, insuspeito e venerando de Carlos Ferreira, não me descaberia quando eu tinha dezenove anos?

Espero com espectativa simpatica, e impessoal, a decizão da Academia Paulista neste pleito de solução forçozamente alegre. Confio em que, elejendo-me ou não, a Academia procederá com acerto. Ela dará sem duvida o seu sufrajio ao candidato que com melhores titulos o mereça. Vai nisso, mais do que o seu interesse, o seu dever. A Academia fez-se para reprezentar oficialmente a nossa cultura literaria, e está ezercendo de fato essa reprezentação em que se investiu. Isso impõi-lhe responsabilidades a que ela não quererá furtar-se. Quem, como a Academia, ezerce de fato uma tão alta reprezentação, preciza, de necessidade, mostrar-se nos seus atos capaz de a exercer de direito.

Em téze, as Academias literarias só vivem, na larga acepção do vocabulo, pelo prestijio dos nomes que elas atráem para si, e que as constelam. As honras que as Academias conferem não podem ser distribuidas ao acazo como obras de graça criadora. Os titulos de distinção que outorgam aos que elejem não hão de ser malbaratados, hão de corresponder a merecimento notorio dos eleitos, ou descairão afinal, de atestados de benemerencia, em simples comendas, menos do que inofensivas, vexatorias.

Na hipóteze com que se vê a braços a Academia Paulista, tem aplicação de rigor especial a téze que deixei esboçada. A Academia, muito no verdor da vida, não dispõi de passado que a prestijie, e lhe garanta fazer aceitar como ecepção desculpavel um erro que por ventura cometa. A Academia vai mesmo, desde a sua inauguração, praticar agora o seu primeiro ato significativo: pela primeira vez se lhe depara o ensejo de dar a sua decizão entre candidatos que disputam o seu sufrajio. E' natural que a Academia procure, fazendo justiça, dar, nessa estréa em que se vae revelar, a medida da sua orientação e da sua capacidade.

Dir-se-á que os votos, em eleições como essa, não pertencem propriamente á Academia, e sim, em caracter individual, a cada um dos academicos; e que esses pódem ser levados a votar por consideraçõis e compromissos de ordem pessoal, sem relação direta com os titulos literarios dos candidatos. Seria isso palpavel sofisma. Uma eleição dessas é um duplo julgamento; o que está em cauza são os titulos literarios dos candidatos, e, ao mesmo tempo, a capacidade da Academia para os julgar. Si ha cazos em que as razões pessoais de qualquer natureza devam ceder ao interesse coletivo, este é um deles, creio eu. O voto de um academico não é propriedade particular de que ele possa dispôr inteiramente á sua vontade, com o dezapego de quem dá ao primeiro pedinte um cazaco velho: o seu compromisso primordial, oriundo da natureza e da responsabilidade do proprio mandato que ezerce, é não votar de modo que seu voto redunde em desprestijio da instituição.

Imajino que todos os que, em nosso meio, se interessam por assuntos de letras, vão acompanhar com curiozidade este pleito, no qual a Academia Paulista se estreará em suas funçõis de grande eleitor. Por minha parte só dezejo, com sinceridade, que a Academia se saia bem desta primeira prova, ou elejendo-me ou derrotando-me, mas, em qualquer dos cazos, decidindo por bôas razões com que se imponha ao assentimento do publico. Vitoriozo, coroado dos louros simultaneamente academicos, e triunfais, ou vencido, condenado a continuar no ostracismo peiorado pelo vexame da derrota, conservar-me-ei tranquilo de conciencia. A virtude não está em vencer, mas em bater-se bem. Suponho que me bati bem, com denodo e esforço, pela minha candidatura: trabalhei, rimando versos e namorando a gloria, durante trinta anos; e, ao fim deles, escrevi estas compridas razõis, nas quais argumentei vigorozamente sinão com eloquencia, ao menos com ardor e abundancia.

Eleiçõis, como esta a que concorro, são incertas — para quem tem de nelas votar. O mundo das gentes que escrevem é farto; a Academia tem o direito de escolher dentre os candidatos que se lhe aprezentem; não, porém, o de determinar de antemão quem sejam os candidatos... A Academia poderá vêr-se na continjencia de sobrepôr ás suas naturais intençõis de cortezia para comigo, e aos titulos com que demando o seu sufrajio, algum desses nomes ilustres que se impõem por si mesmos. E fará então bem adotando-o, e, a esse nome, como ao seu proprio dever, sacrificando-me. Serei o primeiro a prestar, por tal ato de justiça, homenajem á Academia e ao seu eleito, dizendo a este: «A tout seigneur»... — e á Academia: «Não tem duvida! cá fico de fóra esperando vez».

O que espero confiantemente é que a Academia, não por amor de mim, que nada tenho a ganhar ou a perder nisso, mas por amor de si propria e da cultura paulista, evite a fraqueza de sobrepor-me algum aprendiz de poucas letras, para quem a cadeira academica vá servir como de pia batismal... Ela, e é o que espero confiante, terá, na sua estréa, o cuidado — que lealmente lhe dezejo com a sinceridade de quem bate á sua porta para levar-lhe uma proposta de reconciliação dezinteresada — ela terá o cuidado de evitar que, em tais condiçõis, a minha derrota seja uma victoria escandaloza... De quem? Dos inimigos da Academia.

S. Paulo, maio de 1911.

COMENTÁRIOS CRÍTICOS

EXPRIMIA COM SOBRIEDADE E LÓGICA

Afrânio Coutinho em *A literatura no Brasil, volume IV: Era Realista / Era de Transição* afirma que "o grande poeta da geração foi Vicente de Carvalho... Estamos em face de um poeta acabado, cuja ambição, apesar de seu forte lirismo e da ironia que às vezes lhe permeava as estrofes, era ser formalmente parnasiano. Seu desejo era, segundo se lê numa nota à primeira edição dos *Poemas e canções*, era com efeito 'exprimir menos mal, isto é, em frases simples e corredias, com imagens sóbrias e mais ou menos claras e fieis, ideias concebidas com lógica, sentimentos sinceros, impressões recebidas'. Mais adiante repelia as frases complicadas e as palavras meramente decorativas; noutros termos, Vicente apreciava a simplicidade e o *mot juste*, não diferindo portanto sua teoria formal da de Machado de Assis ou Bilac".

LÍRICO AMOROSO

Para Manuel Bandeira, "Vicente de Carvalho foi saudado como mestre e colocado pela admiração pública ao lado de Alberto de Oliveira, Raimundo Correia e Olavo Bilac. Os seus melhores poemas estão no livro *Poemas e canções*: lírico amoroso de emoção requintada em "Rosa, rosa de amor...", mostrou força dramática em "Pequenino morto" e épica em "Fugindo ao cativeiro".

TRINDADE QUE É UM QUARTETO

Medeiros e Albuquerque foi enfático: "Quando se enumeram os grandes poetas que apareceram entre nós no último quartel do século passado, cita-se Alberto de Oliveira, Raimundo Correia, Olavo Bilac. É a trindade gloriosa. No entanto, há nela uma injustiça. Porque não se aponta o poeta da mesma geração e de igual valor, Vicente de Carvalho? A designação de trindade não se oporia à entrada de mais um nome, malgrado todos os protestos possíveis da matemática, porque os famosos três mosqueteiros de Dumas eram, também, quatro...

UM DEGRAU ACIMA

"Comecemos por extrapolar dois nomes: Vicente de Carvalho e Francisca Júlia. No tocante ao primeiro, que ora volta de certa forma a estar na moda, alguns dentro os mais sensíveis críticos modernos, na esteira de Mário de Andrade, gostariam que se instituísse uma quadra parnasiana, com deslocamento de valores, em lugar da tríade convencional. Eis a 'hierarquia do crítico modernista': O sr. Vicente de Carvalho é um dos maiores poetas brasileiros. Coloco-o junto de Cláudio Manuel (vêde bem que é Manuel e não 'de Sousa'), de Basílio da Gama, de Álvares de Azevedo, de Varella. Um pouco acima: Castro Alves, muito acima: Gonçalves Dias, sozinho. Quanto ao sr. Alberto de Oliveira e a Olavo Bilac, tenha paciência a idolatria dos brasileiros, estão um degrau, um degrauzinho abaixo do sr. Vicente de Carvalho. Naturalmente, pode-se não estar de acordo. Mais do que o parnasiano porém, Vicente de Carvalho foi um verdadeiro poeta naturalista... Em sua poesia como na de Raimundo Correia, a experiência romântica e a parnasiana, confluem naturalmente, sem oposições maniqueias: oferecendo a primeira seus temas vigorosos (o oceano, a floresta, a 'mulher'), e medida mais ampla do que a comumente captada pela lente parnasiana (o vaso, o leque, a estátua-estátua, a estátua-mulher) e a segunda, a ciência e o castigado da forma".

Luciana Stegagno Picchio,
historiadora da cultura e crítica literária italiana,
também especialista em literatura brasileira

CURVAS CAPRICHOSAS DA INSPIRAÇÃO

"Os seus versos são, assim, perfeitos. Não há neles, um só deslize gramatical ou métrico, uma só ofensa às leis do bom gosto. Trabalhados numa linguagem pura, macia, cantante, vaporosa, eles tudo exprimem e retratam magnificamente, seguindo com admirável plasticidade e mudez, as curvas caprichosas da inspiração. Quer descreva o poeta a natureza agreste, brutal, convulsiva, dessa formidável cordilheira que se alteia 'negra, imensa, disforme, enegrecendo a noite'; quer investigue as dores secretas que agitam e comovem o coração que ele empresta ao oceano; quer descante, em ternos melodias, as sugestões dulçurosas do amor ou gema, desesperado, ante o esquife do 'pequenino morto', ou recolha esse lirismo vago e penetrante que o luar derrama sobre as almas ou ainda repita, nostalgicamente, a melopeia longínqua das cantigas praianas – o seu verso é sempre límpido e sonoro como uma taça de cristal tangida por uma vara de marfim."

Segundo Roberto Moreira, citado por Raimundo de
Menezes no *Dicionário Literário Brasileiro*.

UM DOS MAIORES LÍRICOS BRASILEIROS

"Liga-se desde o início ao grupo de jovens poetas de tendência parnasiana, assumindo posição de relevo, ficando fiel toda a vida às inclinações da mocidade. Usando linguagem simples, imagens de grande beleza, sentimentos naturais e leves, temas da natureza, é um dos grandes líricos brasileiros, muito popular sobretudo como pintor do mar e das praias nativa. Um dos maiores líricos brasileiros."

Afrânio Coutinho e J. Galante de Sousa,
in Enciclopédia da Literatura Brasileira

RENOVOU A POÉTICA REALISTA

"Renovando com brio a poética realista a cavaleiro do novo século, Vicente de Carvalho partiu com Bilac um vasto círculo de entusiastas, sendo até hoje um dos poucos poetas anteriores do Modernismo que sobrevivem no gosto do leitor médio."

Alfredo Bosi, da Academia Brasileira e Paulista de Letras,
citado por Cláudio Murilo Leal em
Vicente de Carvalho, seleção de melhores poemas.

OBRAS DE VICENTE DE CARVALHO

Ardentias, versos. Santos: Typographia a vapor do *Diário de Santos*, 1885.

Relicário, versos. Santos: Typographia a vapor do *Diário de Santos*, 1888.

Rosa, rosa de amor..., poemas. Rio de Janeiro/Casa filial em S. Paulo: Laemmert & cia., Editores, 1902.

Poemas e canções, versos. São Paulo: Cardozo Filho & Comp., 1908.

Poemas e canções. Porto: Livraria Chardron de Lello & Irmãos Editores, 1909.

Verso e proza. São Paulo: Cardozo Filho & Comp., 1909.

Verso de mocidade. Porto: Livraria Chardron de Lello & Irmãos, 1909.

Pájinas soltas. São Paulo: Typographia Brazil de Rothschild & Co., 1911.

Fuyant à L'Esclavage. Tradução de Hippolyte Pujol. São Paulo (Brésil), 1912.

A voz do sino, poemas. Rio de Janeiro: A Cigarra, 1916.

Dous discursos e uma carta. São Paulo: Martinelli, Passos & Cia., 1921.

Luizinha, contos e um peça teatral. São Paulo: Companhia Gráfico Editora Monteiro Lobato, 1924.

DISCURSO DE POSSE NA APL
IGNÁCIO DE LOYOLA BRANDÃO
2007

OBRIGADO POR TER DANÇADO COMIGO NESTA MANHÃ

Novembro de 1956. Último dia de exame no IEBA [Instituto de Educação Bento de Abreu], último ano do curso Científico, últimos meses meus em Araraquara. Entrei no Salão Nobre para o exame oral de matemática. Precisava de 9,6 para não ficar de segunda época, o que significaria reprovação. O professor Ulisses sorriu irônico: "Quanto você precisa?". Disse, Ulisses propôs: "Nem vamos sortear ponto. Zero ou 10? Dou uma equação, você resolve e fim". Concordei. Ele olhou para o salão, eram mais de dez classes reunidas. O Salão Nobre era rodeado por quadros negros, Ulisses de propósito escolheu um diante de um grupo de lindas normalistas. Escreveu a equação, as normalistas ficaram abismadas. Como alguém podia resolver aquilo? Só um herói. Olharam-me, sôfregas. Aquela equação para mim era o mesmo que uma inscrição em aramaico, sânscrito, um hieróglifo. Não tinha ideia por onde começar, mas não ia fazer feio diante de mulheres tão lindas. Decidi. Apanhei o giz e comecei a colocar no quadro todos os símbolos matemáticos que eu conhecia, chaves, colchetes, parênteses, raízes múltiplas, logaritmos, números sobre números, números elevados a enésima potência. Enchi o espaço. Terminei com o habitual CQD, como queríamos demonstrar. As normalistas quase aplaudiram. Ulisses veio, olhou, entendeu, colocou na lousa: dez. Sorri vitorioso. Fomos os dois para a mesa, o professor me estendeu a mão: "Em matemática você tirou 0. Em invenção, 10. Vai embora, Ignácio. Vai para a vida. O teu mundo é o da imaginação".

A imaginação e uma forte dose de realidade construíram minha literatura e me trouxeram a esta Academia. Imaginação, realidade, observação contínua do Brasil e do homem brasileiro constituem a essência do que escrevo. Nesta Casa fui aceito pela generosidade desse grupo privilegiado de escritores que se revelaram cordiais ao me escolher como um companheiro. A Academia significa um novo período em minha carreira marcada pela inquietação constante. Jornalismo, literatura, teatro, cinema, crônica. Aos acadêmicos o meu agradecimento por esses votos que me levam à uma questão: o que posso fazer pela Academia?

Tomo posse nesta Cadeira 37 num momento complexo para o Brasil e no mundo. Em nosso país passamos por um período de desilusão, ao ver que sonhos de mudanças foram reciclados, já que o Poder, uma vez mais, diluiu ideologias e dissolveu expectativas quanto aos projetos de transformação do Brasil. Mergulhados no vácuo precisamos nos recompor. Que papel nos cabe como escritores? O mesmo que, durante a ditadura, nos mantinha alertas e combativos? Naquele momento éramos frágeis diante da repressão, da ausência de liberdade, do medo constante. Hoje estamos com a violência pronta a nos atingir na porta de nossas casas, no cruzamento da rua, na saída do cinema, em qualquer parte. Nossa sociedade está dividida entre agressores e vítimas, a vida humana e os direitos que nos deram eram de vidro e se quebraram. Vivemos um momento novo no mundo, com a globalização e a queda de fronteiras, mas é também o instante em que o fundamentalismo religioso e o terrorismo dividem os homens. Não é mais a guerra fria entre dois blocos, é a guerra quente entre todos os blocos. Assim, as Academias se modificam diante deste novo mundo, este novo Brasil. Passaram a ser abertas, não lugares isolados, refúgio de um grupo apenas. Abertas ao povo, aos estudantes. Os acadêmicos começaram a fazer palestras, a viajar pelo Estado e pelo país, e vêm para as ruas, para os cruzamentos, escolas, universidades, parlamentos, entram na batalha pela cultura, pelo livro, pela literatura, pelo Ensino, pelas bibliotecas, um dos setores mais indigentes deste Brasil. O fato de, nos próximos meses, muitos acadêmicos da Paulista de Letras estarem se espalhando por São Paulo para falar aos estudantes, num programa de intensificação da leitura não é um indício de abertura para o mundo que nos cerca? Repensar de que maneira a Academia pode se abrir sem perder sua essência, sem trair suas tradições. Elaborar projetos para a reestruturação de currículos com a valorização de nossa literatura, nossos autores, levando a ler, sem obrigar à leitura. Obrigar a ler, uma coisa odiosa! Estudar a forma de expandir bibliotecas, fundamentais na implantação do hábito de leitura. Num país em que o custo do livro é intransponível, somente a biblioteca favorece o acesso. Sem falar da informatização que nos faz atingir vastos horizontes.

Estou assumindo a Cadeira 37 cujo patrono é o maranhense João Mendes, chamado O Velho, apesar de ter sido o mais moço dos três filhos de Fernando Mendes de Almeida. Por aqui passaram Rafael Correia da Silva Sobrinho, Vicente de Carvalho, Cleómenes Campos, Mário Graciotti e Sólon Borges dos Reis. Na Cabala, o 37 é formado por dois números bons. O 3 representa a comunicação, a expressão e a expansão, e é um número de que todos gostam. O 7 significa a espiritualidade e o perfeccionismo, e corresponde aos sete graus da perfeição, aos sete galhos da árvore cósmica, às sete esferas ou graus celestes, aos sete céus, às sete cores do arco-íris (a branca é a soma de todas as outras seis), às sete portas de Jerusalém.

Há nesta posse coincidências, acasos, ou sincronicidades, como se diz hoje. Esta noite, que ocorre fora da Academia, promove ao mesmo tempo uma ligação estreita com a Faculdade de Direito que nos abriga. Esta faculdade seria meu destino quando deixei minha cidade em 1957, cem anos depois de João Mendes, o monarquista, ter fundado seu jornal *A Lei,* onde sempre defendeu o abolicionismo. A necessidade de sobrevivência me obrigou a trabalhar em períodos integrais, enquanto vi a geração que deixou Araraquara comigo, aqui matriculada: Hugo Fortes, Plínio Pimenta, Marco Antonio Rocha, Antônio Marcos Pimenta Neves e Zé Celso Martinez Corrêa. Nesta Faculdade Zé Celso fundou o Teatro Oficina, o mais revolucionário e ousado grupo teatral do Brasil. A ele aqui se juntaram Carlos Queiroz Telles, Moracy Duval, Pimentel – hoje diplomata de carreira – as irmãs Celina e Maria Silveira, Dora Meirelles. Nesta casa estudou Raphael Luiz Junqueira Thomaz, que me orientou em leituras fundamentais como Faulkner, Graciliano Ramos, Pitigrilli, Giovanni Papini, Thomas Mann, Charles Morgan, Jorge Amado, Erico Verissimo, e me indicava filmes, mexeu com meus primeiros textos. Raphael era apaixonado pelo mito da São Francisco e aqui ficou anos até ser jubilado, recusava-se a ser aprovado, queria permanecer. Mais do que formado, apesar de nunca ter se formado, casou-se com uma advogada e, tendo a mente brilhante, era ele quem redigia petições, documentos, orientava a atuação no escritório, fórum, tribunais. Alegro-me, portanto de minha posse estar sendo nesta sala.

Sem mencionar os muitos acadêmicos vivos e falecidos que aqui se formaram, acentuo que o patrono da cadeira, João Mendes, aqui se bacharelou; Rafael Correia da Silva, aqui estudou e deu aulas de Praxe Forense e Vicente de Carvalho para aqui se inscrever aos 16 anos, em 1882, precisou solicitar uma licença legal que lhe foi concedida.

Meus antecessores. Devo me reportar a eles. A Cadeira 37 é araraquarense de ponta a ponta. Araraquarense foi seu fundador, Rafael Correia da Silva, araraquarense sou eu, araraquarense é esta noite, tão bem representada nesta plateia. Houve outro araraquarense na Academia, Rubens Borba de Moraes. E se contarmos que a cidade de Itápolis faz parte de Araraquara, da região, acrescentemos aqui outro acadêmico, Leão Machado, da Cadeira 38, falecido em 1976. Leão Machado, meu parente. E também Paulo Bomfim reclama suas ligações muito próximas com a cidade. Rafael Correia da Silva, o fundador da 37, nasceu em Araraquara em 1858, quando a cidade tinha apenas 41 anos. Ele deixou a cidade em 1876. O admirável é que Araraquara naquela época tinha cerca de 8 mil habitantes. Para se avaliar o esforço e o feito de Rafael: a cidade tinha 6 mil analfabetos, ¾ da população. Como estatísticas são curiosas. Daqueles 8 mil, 150 eram viúvos, 9 cegos e nenhum surdo-mudo. A família Correia da Silva estendeu seu nome até Antonio Correia da Silva, fundador do jornal *O Imparcial*, onde trabalhei a partir dos meus 16 anos. Antonio Correia da Silva foi meu primeiro professor de jornalismo. Magro, fumante, voz rouca, irritado, me dizia, diante de certos textos: "Isso não é reportagem, parece um conto. Guarde o conto, faça a reportagem. Em reportagem não se imagina nada, tudo tem que ser verídico, verdade". Com ele aprendi a diferença entre o texto jornalístico e o literário. Quanto a Rafael, também monarquista, foi redator de publicações como *Reação* e *Constitucional*, antes de se dedicar aqui à sua cátedra. Do meu lado, eu que comecei na cidade como crítico de cinema, para lá voltei cinquenta anos depois como cronista do cotidiano no jornal *Tribuna Impressa*. Sou o homem de duas cidades.

Criança ainda, eu me impressionava muito quando minha tia-avó Margarida, semiparalítica, declamava um poema que a deixava com lágrimas nos olhos e a mim infundia tristeza e terror.

> "Deixa-me fonte!" Dizia
> A flor, tonta de terror.
> E a fonte, sonora e fria,
> Cantava, levando a flor.
>
> "Deixa-me, deixa-me fonte!"
> Dizia a flor a chorar:
> "Eu fui nascida no monte..."
> "Não me leves para o mar."
>
> E a fonte, rápida e fria,
> Com um suspiro zombador
> Por sobre a areia corria,
> Corria levando a flor.
>
> [...]
>
> Chorava a flor, e gemia,
> Branca, branca de terror,
> E a fonte, sonora e fria,
> Rolava levando a flor.[25]

Era impiedosa esta fonte e o poema mostrava a impossibilidade de lutar contra o destino, era a vida cruel. Só no Ginásio descobri que a poesia era de Vicente de Carvalho e estava em todas as antologias. Vicente

25 "A flor e a fonte", *in Rosa, rosa de amor...*, 1902.

de Carvalho, republicano e abolicionista, chamado o poeta do mar, foi deputado, secretário de Estado, ministro do Tribunal de Justiça, criou o Serviço Sanitário Estadual, batalhou pela reforma do Ensino, foi fazendeiro de café, buscou a reestruturação dos transportes de carga por ferrovia, membro da Academia Brasileira de Letras. Um homem eclético. O meu professor de português, Jurandyr Gonçalves, não queria análises de poemas, isso não significa nada, quero saber o que vocês sentem, dizia. Nos anos 1950 era um professor moderno, sabia que literatura é emoção. O terror da infância diante da flor levada contra a vontade foi substituído pelo prazer com outro poema de Vicente que dizia:

> Lua, eu sou a paixão, eu sou a vida... Eu te amo.
> Pairas, longe, no céu, desdenhosa rainha!...
> Que importa? O tempo é vasto, e tu, bem que reclamo!
> Um dia serás minha![26]

Só que o poema era usado para outras coisas. Bastava copiar e mudar. Em lugar de Lua, colocava-se o nome da amada, ou da pretendida, do objeto da sedução:

> Gilda, eu sou a paixão. Ou Marilia, eu sou a paixão. Ou Laís...

As conquistas se sucediam, mas havia aquelas que se mostravam renitentes à poesia, preferiam a vida prática, o pé no chão, quer se casar ou está de brincadeira?

26 "A ternura do mar", *in Poemas e canções,* 1908.

O poeta sergipano Cleómenes Campos, autodidata, tentou o comércio, fracassou, conseguiu emprego nos Correios. Aliás, o americano William Faulkner, prêmio Nobel, também foi agente dos correios, e ali escreveu uma de suas obras maiores, *Enquanto agonizo*, tendo sido demitido por causa disso. Escrevia livros em lugar de postar cartas. Bem, o nosso Cleómenes melhorou a situação, terminou a vida como fiscal do imposto de consumo do Ministério da Fazenda, tendo sigo ainda redator das Folhas. Poeta foi parceiro de Oduvaldo Vianna Filho na peça teatral, *Mascote*, representada por Dulcina Odilon.

Os caminhos do livro e da palavra são curiosos fascinantes. Mario Graciotti. Contos, romances, viagens, ensaios arqueológicos, ensaios de astronomia, traduções. Prefiro olhar para o Mario por outro lado, o do Clube do Livro. Nas estantes de meu pai, enfileiravam-se, cuidados, lidos e relidos os volumes do Clube do Livro, no formato 13,5cm por 18,5cm, papel de segunda. Ali descobri *O jogador*, de Dostoiévski, Eugénie Grandet, de Balzac, *A novela de uma múmia*, de Théophile Gautier, *O romance de uma mulher*, de Guy de Maupassant, o estranho *O castelo de Lourps*, de Huysmans, *Salambô*, de Flaubert, *Manon Lescaut*, do Abbé Prévost. O Clube do Livro me abriu o mundo dos clássicos, me fez mergulhar no desesperado Papini de *Um homem acabado*, minha bíblia de juventude.

Todos os meses, em dia determinado, chegava em casa um pacotinho de papel pardo que era colocado sobre a mesa de jantar. Meu pai abria, ansioso, era o livro do mês do Clube que Graciotti fundou em 1943. Terminado o jantar, ele punha-se a compulsar o livro, primeiro cheirando, um hábito que tenho até hoje. Tem livro que compro pelo cheiro, depois acho ruim o texto, descarto. Meu pai lia um livro por semana. Depois, passava ao Alberto Lemos, que aqui está. Conversavam sobre o livro, o autor e iam à casa de outro ferroviário, Trifônio Guimarães, chefe do telégrafo e também poeta. Trifônio — nunca mais encontrei outra pessoa com tal nome — por sua vez, lia, empacotava e entregando ao chefe de algum trem que demandava o interior, enviava o livro ao meu tio José, um chefe de estação distante, Rio Preto, Cedral, Engenheiro Schmidt. Os livros do Clube circulavam por um sem número de pessoas que se tornavam leitores fiéis e saiam em busca de outros volumes na Biblioteca Municipal ou Biblioteca da União Operária, entidade de assistência social na cidade. Vi, muitas vezes, Lemos, Trifônio, meu pai e outros conversando sobre livros lidos, discutindo pela noite. Graciotti talvez nunca tenha tido ideia de quantos leitores formou com o seu Clube.

Chegamos a Sólon Borges dos Reis, a quem substituo nesta cadeira. Sólon faleceu o ano passado aos 89 anos. Nascido em Casa Branca, autor de 19 livros, foi educador, ensaísta, poeta, jornalista, deputado federal e estadual, vice-prefeito de São Paulo, redator da Constituição estadual de 1967, responsável pela reforma do Ensino Normal, criador das primeiras escolas para deficientes auditivos. Eu o conheci quando repórter do jornal *Última Hora* durante a greve dos professores de 1963, que tendo sido a primeira da classe, foi extremamente bem estruturada e terminou vitoriosa. Lembro-me de sentar lado dele no Centro do Professorado Paulista, na rua Antonio de Godoy, no centro, enquanto ele me explicava as razões, os prós, os contras, as táticas do movimento. Tive orgulho ao dar a manchete do jornal, naquele dia: *Greve de Mestre*, num jogo de palavras que o divertiu. Por causa dele ganhei pontos na redação. Sólon Borges dos Reis fez do Ensino a alma de sua vida, baseado no Educar para a Política, Educar para a Liberdade, Educar para a responsabilidade, Educar para a Disciplina Interna e Externa. O lema de sua vida foi: "Só a educação do povo pode conduzir o Brasil a um grande destino".

O livro, a leitura, a escrita, a palavra. Meu pai, Antônio, na década de 1940, tinha uma biblioteca com uns 800 exemplares, feito sem igual para a época. Ferroviário, quase operário, ganhava pouco. Era ele quem, na igreja do Carmo, em datas festivas, lia um texto para homenagear a visita do Bispo, ou o santo do dia, uma vez que os padres daquela paróquia, holandeses, falavam malíssimo o português e preferiam delegar a tarefa. Eu via meu pai pesquisando, escrevendo concentrado, depois lendo, sendo aplaudido pelo que lia, sendo comentado pelo que tinha escrito. Na minha cabeça ficaram essas imagens: o ato de escrever, o ato de ler e os aplausos. Podia-se ser aplaudido por um texto escrito, ser aplaudido por um texto lido. Ser escritor era isso.

Havia ainda as professoras do Primário, Lourdes Prada em escolinha privada e Ruth Segnini, no Colégio Progresso, o melhor da cidade. Gostavam de palavras, nos davam listas para descobrir os significados. Havia palavras estranhas: prosopopeia, justaposição, pertinaz, matroca, disparate e equinócio. Por sua vez, meu pai, que tinha a enciclopédia Jackson, me mandava procurar palavras sonoras: catadura, catadupa, cataplasma, catapulta, catalepsia, catacumba, catamarã, catáfora. Ele, e também Lourdes, sempre diziam que devemos procurar a palavra que tem a melhor qualidade, vibração, a palavra que diga tudo. Somente décadas mais tarde, ao ler Jorge Luis Borges, compreendi o que eles, pessoas simples de uma pequena cidade do interior, queriam dizer. Porque Borges se refere obsessivamente à palavra perfeita, buscada pelo poeta, pelo etimologista, pelo cabalista, por todos os escritores. A palavra única que diz tudo, condensa todos os conhecimentos, e traz em si toda a sabedoria de todos os livros. A palavra que, encontrada, dispensaria a escrita de romances, contos, poemas, seja o que for. A palavra perfeita, rigorosa, exata que todos ambicionamos. Pergunto: Não há um mistério suave percorrendo esse caminho? Borges foi aquele que, ao escrever o conto "A biblioteca de Babel" criou a grande metáfora da escrita, porque na biblioteca estão todas as palavras conhecidas, todas as palavras não mais usadas, as anacrônicas, envelhecidas, fora de circulação, as palavras que são criadas a cada dia, a cada momento. E principalmente as palavras que ainda serão inventadas, produzidas. Todo escritor busca essa palavra e, enquanto não a encontra, escreve, alinhava seus textos reproduzindo a vida, o ambiente em que vive, as pessoas ao seu redor, as aflições, amores, alegrias. Faz a vida fluir da realidade para o papel, eternizando cada momento, cada personagem.

A palavra, a inspiração. De onde vêm as coisas? Cada um de nós tem uma definição própria do que seja a inspiração, esse momento em que tudo é gerado. Confesso que jamais percebi raios ao meu redor e produzi um conto; jamais o Divino Espírito Santo baixou sobre minha cabeça e criei um poema; jamais fui envolvido por raios de luz celestiais e escrevi um romance. A inspiração para mim é o viver, o observar. É mergulhar na vida, no cotidiano, ouvir as pessoas, olhar para elas. É ter os olhos abertos para a realidade e capturá-la, colocando-a, transfigurada, no papel, submetida ao filtro que leva minha maneira de pensar, de agir, a minha filosofia, ideologia, o que for. Inspiração é sensibilidade, percepção aguda, velocidade, é ter todos os sentidos alertas. Os temas, os assuntos? Estão a nossa volta se oferecendo. Se às vezes nos parecem absurdos, é porque a vida é absurda, incompreensível. Escrevemos para tentar entendê-la. Não conseguimos e continuamos a escrever, a buscar a compreensão do enigma, dissolver o mistério. Escrevemos para seduzir os leitores, fazer com que se apaixonem pelos nossos personagens e, por que não, também por nós, escritores.

Estou me estendendo demais. Durante anos circulou uma frase de Roberto Marinho, o todo poderoso da Globo. Segundo as versões, teria iniciado uma reunião, certo dia, com a declaração: "Se algum dia eu vier a faltar..." Acreditava na imortalidade! Tomo a frase de Marinho com bom humor. Para dizer que se, por acaso, algum dia eu vier a faltar, e o meu sucessor tiver de falar a meu respeito nesta Cadeira, gostaria que se lembrasse de mim como o cronista de São Paulo no *Estadão*. Agora, também de Araraquara na *Tribuna*. O homem que ao longo de sua carreira tem descrito a cidade e sua gente. Que busca nos anônimos, nos simples, os seus sonhos, projetos, ilusões, vitórias e fracassos. O cronista está presente nos romances, nos contos e, evidente, nas crônicas semanais. A cidade está presente com seu jeito de ser, sua linguagem, suas transformações, suas fantasias e enganos, grandezas e misérias. A crônica é uma forma de literatura que fotografa, reproduz, panoramiza. O cronista se debruça sobre as vísceras de uma cidade imensa, caótica, confusa, dinâmica, assustadora, violenta, congestionada, atrapalhada, alucinada, engraçada, divertida. No entanto, quero dizer, porque sou testemunha disso a cada dia, eu que, não dirigindo, caminho, ando o tempo inteiro, uso táxi, ônibus, metrô. E assim descubro a outra São Paulo, a que oculta em seus desvãos momentos de ternura e emoção.

Estava num ônibus quando vi uma mulher perguntar à sua companheira: "O que é poblema? E o que é pobrema?". A outra se voltou: "Você é tonta mesmo! Poblema é um poblema que você tem com seu marido, seu filho, seu vizinho, com a polícia. Pobrema são as contas de escola". A palavra problema era abstrata demais, não definia. O povo cria a cada momento o termo necessário, preciso, aquele que diferencia. A crônica se escreveu na minha frente, apenas digitei depois.

Nesta cidade, a poesia está sempre ao nosso alcance, basta estender a mão e tocá-la. Um dia, caminhando pela avenida Brasil me vi em uma situação curiosa, que todos neste auditório já viveram. Parar diante de uma pessoa e ficar em dúvida. Vir para a esquerda e ver que ela vem para a esquerda. Ir para a direita e perceber que ela foi para a direita. Esquerda, esquerda, direita, direita. Em geral, o paulistano, estressado, ansioso, vem, te empurra, grita "sai da frente" e segue. Naquela manhã, foi diferente. Parei diante de uma senhora de uns 60 anos, elegantinha em um *tailleur* Chanel. Os cabelos brancos bem tratados, quase azulados, lindos, tão lindos que tremiam. Por um instante praticamos o ritual esquerda, esquerda; direita, direita; esquerda, esquerda; direita, direita. Paramos. Ela me olhou e sorriu. Disse:

"Muito obrigado, meu senhor, por ter dançado comigo nesta manhã."

Senhoras e senhores, fechemos esta sessão com emoção e agradecimento.

Boa noite!

São Paulo, 12.04.2007

BIBLIOGRAFIA

Vieira, Hermes. *Vicente de Carvalho, o sabiá da Ilha do Sol*. São Paulo: Biocrítica, 1943.

Donato, Hernâni. *Vicente de Carvalho: o poeta do mar.* São Paulo: Edições Melhoramentos, 1955.

Vicente de Carvalho, Maria da Conceição e Vicente de Carvalho, Arnaldo. *Vicente de Carvalho.* Rio de Janeiro: Publicações da Academia Brasileira de Letras, 1943.

Vicente de Carvalho, Coleção Homens Ilustres de São Paulo. São Paulo: Departamento Estadual de Publicações do Estado de São Paulo. São Paulo: Sociedade Gráfica José Magalhães Ltda., 1946.

CRÉDITOS DAS IMAGENS

Figs. 1-12 | Acervo Beatriz Carvalho Ricardo
Fig. 13 | Reprodução do livro *Vicente de Carvalho, o sabiá da Ilha do Sol*, de Hermes Vieira. São Paulo: Biocrítica, 1943
Fig. 14 | Acervo IBGE
Figs. 15 -18 | Reprodução [domínio público]
Páginas 91-107 | Fac-símile "I. Uma candidatura", *in Pájinas soltas*. São Paulo: Typographia Brazil de Rothschild & Co., 1911

Os editores expressam, vivamente, seus agradecimentos à família de Vicente de Carvalho, especialmente à Beatriz Carvalho Ricardo, bisneta do poeta. A boa vontade e atenção que ela dedicou ao projeto contribuíram para a inclusão de fotos raras na iconografia deste livro, para o qual foram cedidos graciosamente os direitos correspondentes.

AGRADECIMENTOS

Esta Coleção nasce de esforço coletivo antes de se findar 2020. Ano marcado por duros adjetivos para toda a humanidade. Entre nós, foi ano em que a vida cultural se viu obrigada a se reinventar para que o melhor do que o Brasil sempre produziu permanecesse em todos os campos das artes.

Tempos em que, tão prejudicada, a cultura resistiu e criou alentos, e neste nosso caso, a lembrar que livros podem ser lindos, simples, acessíveis e revelar traços das obras e de personalidades brasileiras que o leitor poderá conhecer e, seduzido, buscar se aprofundar.

Foram os desenhos de Fernando Lemos, esse gênio de invenção permanente em tantas linguagens, que tiraram o formato da Coleção do lugar-comum. Em parceria com Raul Loureiro, ele não poderia sequer ter suspeitado, mas teria reconhecido a maestria.

A coleção integral dos desenhos que compõem nossas capas se encontra no acervo do Museu de Arte Moderna de São Paulo, que os tem sob sua guarda graças à doação de *O Estado de S. Paulo*, integrantes de seu "Suplemento Literário" – proposto a Júlio de Mesquita Neto e Ruy Mesquita, em 16.07.1956, por Antonio Candido de Mello e Souza, que lhes apresentou um plano completo e detalhado para um suplemento literário e artístico.

Nossos agradecimentos se voltam inicialmente ao MAM-SP, que acolheu proposta de nossa Coleção, licenciando os originais de Fernando Lemos. Prosseguem com Patricia de Filippi e Millard Schisler, do Estúdio 17, cujo registro fotográfico desse conjunto nos foi gentilmente autorizado.

Sem Fernando Lemos o formato da Coleção não teria esse brilho, essa chamada e distinção, essa clareza de comando e de expressão, com requintes de inteligência, criatividade e senso de humor que o artista manteve na poesia, em seus provérbios, em seus postais, na gravura, na fotografia, na pintura, nos desenhos, em sua letra e assinatura, na vida.

A generosidade de Fernando Lemos marcou atavicamente os seus, os quais, potencializando os gestos costumeiros dele, cederam seus direitos para essa Coleção de imortais que agora também o imortaliza: a gratidão dos editores a Beatrix, Ana, Titita, José Augusto, Rodrigo e Paola.

Agradecer ainda aos acadêmicos da APL que se dedicaram a escrever sobre personalidades admiráveis que compõem esta série. E a todos aqueles que, na Imprensa Oficial do Estado de São Paulo e na Academia Paulista de Letras, contribuíram para cada título, desde a matriz da Editora ao chão da Gráfica.

JOSÉ RENATO NALINI
NOURIVAL PANTANO JÚNIOR

Biblioteca da Imprensa Oficial do Estado de São Paulo
Ivone Tálamo – Bibliotecária CRB 1536/8

B7325p
Brandão, Ignácio de Loyola
Poeta, abolicionista, pescador: Vicente de Carvalho / Ignácio de Loyola Brandão – São Paulo : Academia Paulista de Letras; Imprensa Oficial do Estado de São Paulo, 2020.
136 p., il. – (Coleção APL Perfis biográficos; v. 4)

Bibliografia.
Comentários críticos.
Notas de rodapé.

ISBN 978-85-401- 0193-7

1. Carvalho, Vicente Augusto de 1866 – 1924 2. Literatura brasileira – Crítica e interpretação I. Título. II. Série.

CDD B869.92

Índices para catálogo sistemático:
1. Carvalho, Vicente Augusto de: Biografia B869.92
2. Literatura brasileira – Crítica e interpretação 869.92

Foi feito o depósito legal na Biblioteca Nacional
(lei nº 10.994, de 14.12.2004).

Grafia atualizada segundo o Acordo Ortográfico da Língua Portuguesa de 1990, em vigor no Brasil desde 2009.

Impresso no Brasil, 2020

Academia Paulista de Letras
Largo do Arouche, 312/324 República
01219-010 São Paulo SP Brasil
tels 11 3331 7222 | 11 3331 7401
www.academiapaulistadeletras.org.br
e-mail: apl@academiapaulistadeletras.org.br

Imprensa Oficial do Estado de São Paulo
Rua da Mooca, 1921 Mooca
03103-902 São Paulo SP Brasil
SAC 0800 0123 401
www.imprensaoficial.com.br

2020 ACADÊMICOS APL

7 Anna Maria Martins
32 Antonio Penteado Mendonça
16 Bolívar Lamounier
4 Célio Debes
23 Celso Lafer
11 Eros Roberto Grau
27 Fábio Lucas
36 Dom Fernando Antônio Figueiredo
5 Gabriel Benedito Issaac Chalita
37 Ignácio de Loyola Brandão
31 Ives Gandra da Silva Martins
33 Jô Soares
13 João Carlos Martins
18 Jorge Caldeira
22 José de Souza Martins
26 José Fernando Mafra Carbonieri
25 José Goldemberg
15 José Gregori
29 José Pastore
40 José Renato Nalini
8 Juca de Oliveira
3 Júlio Medaglia
6 Luiz Carlos Lisboa
28 Lygia Fagundes Telles
9 Marcio Scavone
35 Maria Adelaide Amaral
24 Mauricio de Sousa
2 Miguel Reale Júnior
12 Paulo Nathanael Pereira de Souza
30 Raul Cutait
1 Raul Marino Junior
20 Renata Pallottini
21 Roberto Duailibi
10 Rubens Barbosa
38 Ruth Rocha
39 Ruy Ohtake
19 Synesio Sampaio Goes Filho
34 Tércio Sampaio Ferraz Jr.
14 Walcyr Carrasco
17 Zuza Homem de Mello (*in memoriam*)

PATRONOS APL

1 José Joaquim Machado de Oliveira
2 Visconde de São Leopoldo
3 Matias Aires
4 José de Anchieta
5 Eduardo Prado
6 Couto de Magalhães
7 José Bonifácio de Andrada e Silva (O Moço)
8 Bárbara Eliodora
9 Álvares de Azevedo
10 Cesário Mota
11 Bartolomeu de Gusmão
12 Paulo Egydio
13 Alexandre de Gusmão
14 Martim Francisco Ribeiro de Andrada
15 Luiz Gama
16 Américo Brasílio de Campos
17 Júlio César Ribeiro
18 Antonio de Toledo Piza e Almeida
19 Barão de Piratininga
20 Ezequiel Freire
21 Antônio Carlos Ribeiro de Andrada Machado e Silva
22 João Pereira Monteiro Júnior
23 Monsenhor Manuel Vicente
24 Quirino dos Santos
25 Visconde de Porto Seguro
26 Martins Fontes
27 Conselheiro Ramalho
28 Caetano de Campos
29 Paulo Eiró
30 Regente Feijó
31 Rangel Pestana
32 Ezequiel de Paula Ramos
33 Teófilo Dias
34 Pedro Taques de Almeida Pais Leme
35 Antonio de Godoi Moreira e Costa
36 Euclides da Cunha
37 João Mendes de Almeida
38 Clemente Falcão de Souza Filho
39 Gabriel José Rodrigues dos Santos
40 José Bonifácio de Andrada e Silva (O Patriarca)

ACADEMIA PAULISTA DE LETRAS

DIRETORIA APL 2019/2020

Presidente
JOSÉ RENATO NALINI

Secretário-geral
GABRIEL BENEDITO ISSAAC CHALITA

Primeiro-secretário
ANTONIO PENTEADO MENDONÇA

Segundo-secretário
RAUL CUTAIT

Primeiro-tesoureiro
MARCIO SCAVONE

Segundo-tesoureiro
JOSÉ GREGORI

COMISSÕES PERMANENTES

Diretor da Comissão de Contas
FERNANDO ANTÔNIO FIGUEIREDO

Diretor da Comissão de Bibliografia
JOSÉ DE SOUZA MARTINS

Diretor da Comissão de Lexicografia
JOSÉ FERNANDO MAFRA CARBONIERI

Diretor da Comissão de Divulgações
ROBERTO DUAILIBI

Diretor da Comissão de Publicações
IVES GANDRA DA SILVA MARTINS

Diretora da Comissão de Incentivo à Leitura
ANNA MARIA MARTINS

Diretora da Comissão de Relações Artístico-Culturais
RENATA PALLOTTINI

Diretor da Comissão de Relações Internacionais
CELSO LAFER

IMPRENSA OFICIAL DO ESTADO DE SÃO PAULO

COLEÇÃO APL

Coordenação | Curadoria
JOSÉ RENATO NALINI

Coordenação editorial
CECÍLIA SCHARLACH

Edição
ANDRESSA VERONESI

Assistência editorial
CARLA FORTINO

Desenhos | Capas e orelhas
FERNANDO LEMOS | COLEÇÃO MAM-SP

Projeto gráfico capas
RAUL LOUREIRO

Projeto gráfico miolo
TERESA LUCINDA FERREIRA DE ANDRADE

Reprodução desenhos Fernando Lemos
ESTÚDIO 17 | PATRICIA DE FILIPPI, MILLARD SCHISLER

Impressão e acabamento
IMPRENSA OFICIAL DO ESTADO S/A – IMESP

Formato 12 x 21 cm
Tipologia Neuzeit, Optima
Papel miolo offset 90 g/m²
Papel capa Cartão Triplex 250 g/m²
Páginas 136

GOVERNO DO ESTADO DE SÃO PAULO

Governador
JOÃO DORIA

Vice-governador
RODRIGO GARCIA

IMPRENSA OFICIAL DO ESTADO DE SÃO PAULO

Diretor-presidente
NOURIVAL PANTANO JÚNIOR